Hartlieb Wild

100 Rezepte für Excel 4.0

Hartlieb Wild

100 REZEPTE FÜR EXCEL 4.0

Tips mit Pfiff für Kalkulation, Geschäftsgrafik und Präsentation

Springer Fachmedien Wiesbaden

Die Deutsche Bibliothek - CIP-Einheitsaufnahme

Wild, Hartlieb:
100 Rezepte für Excel 4.0 : Tips mit Pfiff für Kalkulation, Geschäftsgrafik und Präsentation / Hartlieb Wild. - Braunschweig ; Wiesbaden : Vieweg, 1992
ISBN 978-3-528-05268-3 ISBN 978-3-663-06851-8 (eBook)
DOI 10.1007/978-3-663-06851-8
NE: Wild, Hartlieb: Hundert Rezepte für Excel 4.0

Ursprünglich erschienen bei Friedr. Vieweg & Sohn Verlagsgesellschaft mbH, Braunschweig/Wiesbaden, 1992

Der Verlag Vieweg ist ein Unternehmen der Verlagsgruppe Bertelsmann International.

Gedruckt auf säurefreiem Papier

ISBN 978-3-528-05268-3

Liebe Leserin, lieber Leser ...

... es freut mich, daß Sie dieses Buch gekauft haben und damit meinem fachlichen Können und meiner langjährigen EDV-Erfahrung Vertrauen schenken. Dieses Buch ist ausdrücklich als Sammlung von "Kochrezepten" gestaltet, da es Handbücher und vertiefende Literatur mit Beispielen darin zur Genüge gibt. Die hier enthaltenen Anleitungen habe ich alle selber ausprobiert und so formuliert, daß genau der beschriebene Effekt erreicht wird, folgt man den einzelnen Schritten - ein Kochrezept eben.

Ziel ist es, daß Sie jederzeit eine leicht nachvollziehbare Leitlinie an der Hand haben. Da ich selber EDV unterrichte, habe ich die Anleitungen auch im Hinblick darauf gestaltet, daß sie als Kursunterlage verwendet werden können. Jeder Kursteilnehmer schätzt die Unterstützung danach, wenn ihm die mündlichen Erklärungen des Referenten nicht mehr genau in Erinnerung sind.

Daraus ergibt sich jedoch, daß selbsterklärende Funktionen in den Menues hier keine Beachtung finden; außerdem besitzt jeder EXCEL-Anwender ohnehin die originalen Handbücher. Meine Ausführungen sollen diese gezielt ergänzen.

Das Inhaltsverzeichnis ist (ungewohnterweise) alphabetisch geordnet, damit es gleichzeitig als Nachschlagindex dienen kann.

Bitte machen Sie von der Antwortseite unten regen Gebrauch, wenn Sie Kritik und Vorschläge haben. Danke. Ich wünsche Ihnen einen hohen Nutzen aus meiner Kochrezeptsammlung sowie viel Spaß mit dem Werkzeug EXCEL!

COPYRIGHT-HINWEISE

... (* 1951) kam schon 1973 mit der Groß-EDV durch das "klassiche" FORTRAN IV und ALGOL 68 in Berührung. 1979 sollten PASCAL-Programme einen Commodore-PC (PET 16) dirigieren (doch oft genug führten sie den Autor an der Nase herum). Einige Jahre später ging es dann mit PL/I in die Tiefen der Groß-EDV und 1985 war der intensive Einstieg in die Welt der 8088er-PC's. Seit 1987 ist der Verfasser Lektor an zwei Institutionen für Erwachsenenbildung in Tirol (Berufs-Förderungsinstitut und Wirtschafts-Förderungsinstitut) und lehrt dort Programmieren (am Beispiel dBASE). 1991 kamen Kurse über EXCEL 3 hinzu. Derzeitige Tätigkeit: Projektmanagement und Benutzerunterstützung in der Innsbrucker Stadtverwaltung.

Anforderungen an die Leserinnen und Leser

Das Niveau der Erklärungen in den Rezepten liegt grob gesagt zwischen dem blutigen Anfänger und dem "sophisticated freak". Daher geht es ganz ohne Minimalanforderungen leider nicht ab. Wenn sich Ihr Wissen und Können auf dem anschließend genannten Niveau befindet, dann werden Sie aus den Rezepten rasch einen großen Nutzen ziehen (andernfalls stellt er sich erst ein wenig später ein ...). **Vertrautheit** mit der Windows-Philosophie; **Übung** im Arbeiten mit irgendeinem Windows-Programm; **elementare Grundkenntnisse** über ein Kalkulationsprogramm oder Vorkenntnisse aus einer früheren EXCEL-Version; und schließlich ein **originales EXCEL 4** samt Handbüchern.

Leserantworten: Kommentare und Hinweise

Diese Seite ist Ihnen, liebe Leserin, lieber Leser, gewidmet. Ich bin Ihnen für Ihre Verbesserungsvorschläge und Kritik sehr dankbar: Ist alles gut erklärt? Haben Sie einen Mangel oder Fehler bemerkt? Und natürlich freut es mich zu lesen, was Ihnen besonders gefallen hat.

Schreiben Sie dies bitte unten auf, legen Sie ggf. eine Kopie jener Seite bei, auf die sich Ihre Äußerung bezieht und senden Sie alles an:

Hartlieb WILD, A-6073 SISTRANS 280, Tirol

Herzlichen Dank!

Allgemeines

Allgemeine Werkzeuge

Benennungen und Bezüge

Berechnungen mit EXCEL

Datenbanktabelle

Diagramme und Graphiken

Drucken

Fenster, An- und Einsichten

Funktionen

Makro-Programmierung: Grundlagen

Makro-Programmierung: Dialog

Makroprogrammierung: Funktionen

Verknüpfen und Zusammenführen

ANHANG

EXCEL - Startparameter 1

Beim Start von EXCEL soll die automatisch erscheinende Tabelle "TAB1.xls" unterdrückt werden. Außerdem wollen Sie das voreingestellte Verzeichnis C:\EXCEL individuell zu verändern.

Klicken Sie das EXCEL-Symbol an und danach die Menuepunkte *DATEI - Eigenschaften ...* im Programm-Manager.

Soll das leere Rechenblatt nicht erscheinen, so ergänzen Sie den schon bestehenden Eintrag (C:\EXCEL\EXCEL.exe) in der Bearbeitungszeile, durch Leerzeichen getrennt, mit "**/E**"; und für das beim Starten einzustellende Verzeichnis mit: **/P <pfadangabe>** (z. B. "/P C:\" für das Hauptverzeichnis auf der Platte C).

Klicken Sie beim Verlassen von Windows die Option "*Änderungen speichern*" an.

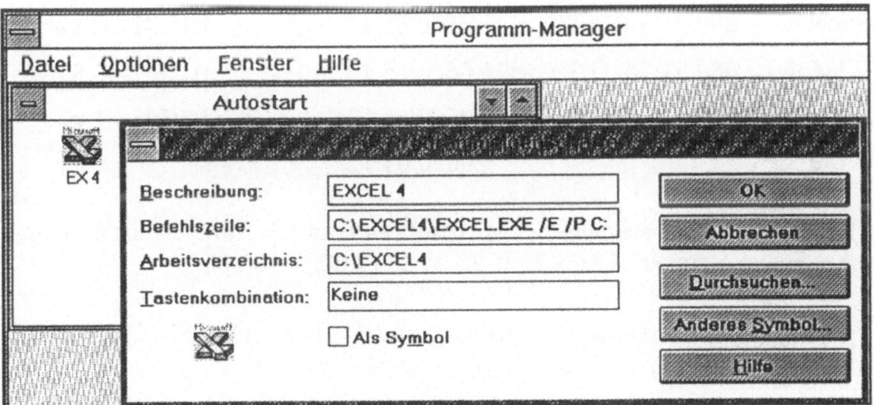

Wenn Ihnen Arbeitskollegen, Service-Center, lokaler Händler etc nicht mehr weiterhelfen können, dann steht Ihnen noch die kostenlose telephonische Unterstützung von Microsoft in München (für Österreich und die BRD) zur Verfügung.

Starten Sie EXCEL stellen Sie Problemsituation nach. Wenn sich das Problem telephonisch auch nicht klären läßt, so gibt Ihnen der/die Hotline-MitarbeiterIn eine sog "Bearbeitungsnummer" bekannt, unter der Sie - persönlich adressiert - Testausdrucke und weitere Erklärungen an MS München senden können. Die Angabe der eigenen FAX-Nummer oder die Beilage eines voll adressierten Antwortkuverts ist günstig. Das gesamte Hotline-Service funktioniert sehr gut und die Hotline-Mitarbeiter sind sehr bemüht und freundlich.

Sie erreichen das deutschsprachige Hotline-Service von Montag bis Freitag in der Zeit von 8:30 bis 12:30 und von 13:00 bis 17:00 Uhr. Die Rufnummern sind:

Hotline	Deutschland	Österreich	Schweiz*
Excel	089/31 76-11 20	0660/65 11	01/342-40 82
Windows	089/31 76-11 10	0660/65 10	01/342-40 85
DOS	089/31 76-11 52	0660/65 17	01/342-21 52
Word		0660/64 12	

*) Pour tous les renseignements Microsoft **en français** / Fragen zur französischen Excel-Version: (CH) 022 / 738 96 88 (9:00h - 18:00h).

Technische Unterstützung für **Südtirol und Italien**: Tel: (39) (2) 26 90 13 51 (Anwendungen); Tel: (39) (2) 26 90 13 54 (Systeme).

Informationen zu allen Microsoft Produkten (**Infoband**, nur BRD): Tel: (BRD) / 089 / 3176 - 1040

Analyse: einen Zellinhalt aufteilen 3

Eine Zelle(ngruppe) in Ihrer Tabelle enthält einen Text oder eine Zeichenkette, den oder die Sie in bestimmter Weise auf mehrere andere Zellen aufteilen wollen.

Daten dieser Art werden Ihnen z. B. durch Herunterladen von einem Großrechnersystem zur Verfügung gestellt. Dabei ist der Aufwand, EXCEL-gerechte Trenn- und Steuerzeichen einzufügen zu hoch. EXCEL hält eine Funktion bereit, mit der Sie die Zeichenkette portionieren und auch Teile davon auslassen können. Laden Sie die Tabelle mit den aufzuteilenden Daten, gehen Sie in die erste gefüllte Zelle und wählen Sie *DATEN - Analyse ...* .

Das gleichnamige Dialogfenster enthält eine Analysezeile, in dem der Inhalt der ersten Zelle, eingegrenzt durch runde Klammern "( )", aufscheint. Setzen Sie nun jeweils ein solches Klammernpaar um jene Zeichen, die beim Ausführen der Analysefunktion getrennt in eigenen Zelle stehen sollen. Sie können durch eine entsprechende Angabe im Eingabefeld "Zielbereich" entscheiden, ob der Originaltext durch den aufgeteilten überschrieben werden soll oder nicht. Die vorgegebene Aufteilung steht Ihnen beim nächsten Aufruf wieder zur Verfügung.

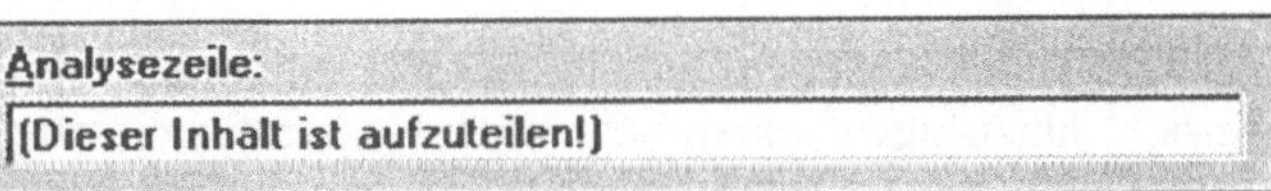

Analysezeile:
(Dieser) (Inhalt) (ist) (aufzuteilen!)

	A	B	C	D	E
1	Dieser Inhalt ist aufzuteilen!	Dieser	Inhalt	ist	aufzuteilen!
2	123456789012345678901234567890	123456	890123	567	9,0123E+10

Das Aufteilen des Zellinhalts ist nur innerhalb einer Tabelle möglich. Sie erfolgt ohne inhaltliche Prüfung. Ziffernfolgen werden bei der Aufteilung als numerische Werte interpretiert!

Alle Zeichen, die ausgeklammert bleiben, also zwischen ")" und "(" stehen, werden <u>nicht</u> übertragen. Die Zeichenkette "(Das wird) nicht (übertragen)" teilt EXCEL auf zwei Zellen auf: "Das wird" und "übertragen".

4 Die verschiedenen Ansichten einer Tabelle

EXCEL viele Möglichkeiten, eine Tabelle darzustellen sowie sich gezielt Tabellenteile anzeigen zu lassen. Für wiederkehrende Arbeiten sollen die Einstellungen gespeichert bleiben, die Ihnen die Arbeit erleichtern und Informationen sofort anzeigen.

Stellen Sie von der aktiven Tabelle die gewünschte Sicht her und wählen Sie *FENSTER - Ansichten ...* . Das Dialogfenster "Ansichten" bietet am Anfang nur die Möglichkeiten "Schließen", "Hinzufügen" und "Hilfe". Beim allerersten Aufruf dieser Funktion muß EXCEL das Zusatzmakro (add-in "ANSICHT.xla" im Verzeichnis \EXCEL\MAKRO) erst laden.

Wählen Sie "*Hinzufügen*" und tragen Sie im darauf folgenden Dialogfenster "Ansicht hinzufügen" einen beliebigen Namen für die zu speichernde Ansicht ein. Nun ist diese Ansicht mit allen Ausprägungen festgehalten (z. B. verschiedene Druckeinstellungen, ausgeblendete Zeilen und Spalten, Anzeigeeinstellungen, ausgewählte Zellen, Fenstergrößen usw.). Sie läßt sich beliebig aufrufen, ohne daß dafür eine Datei gesondert erzeugt werden mußte.

Aufrufen der Ansicht: Wählen Sie *FENSTER - Ansicht* ... und klicken Sie im Dialogfenster "Ansichten" den gewünschten Namen an.

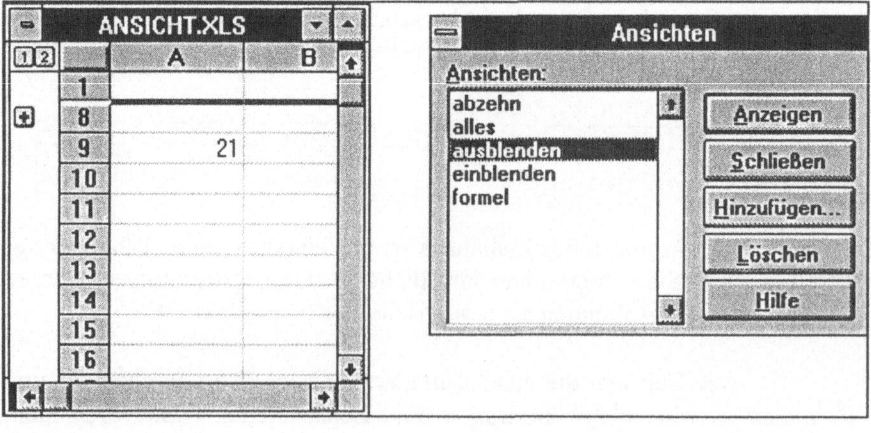

Eine Arbeitsmappe einrichten 5

Sie benötigen mehrere Tabellen, die auch miteinander verknüpft sein können. Um Arbeit zu sparen und Fehler zu vermeiden, möchten Sie verschiedene EXCEL-Dateien und deren aktuelle Einstellungen zusammenfassen und speichern.

Laden Sie alle zusammengehörigen EXCEL-Dokumente (Tabellen, Graphiken, Makrovorlagen) und rufen Sie das Dialogfenster für die Arbeitsmappe auf mit: *DATEI - Arbeitsmappe speichern ....* EXCEL öffnet ein Dialogfenster zur Bearbeitung der Arbeitsmappe sowie ein zweites, "Speichern unter", mit dem Namensvorschlag "MAPPE1.xlw". Die Informationen über jede Arbeitsmappe werden in einer *.XLW-Datei gespeichert; dafür braucht es jeweils einen eigenen Dateinamen - Beim Speichern lassen sich *Optionen* wie Sicherungsdatei JA / NEIN sowie Zugriffs- und Schreibschutz einstellen.

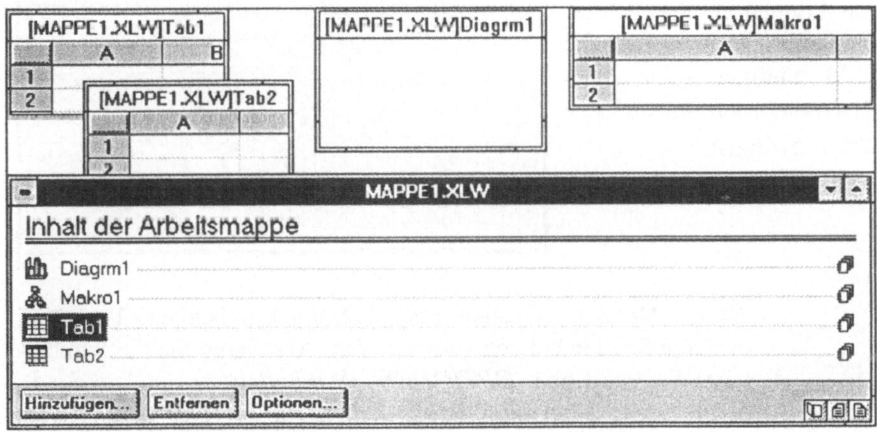

Öffnen Sie jetzt anstelle der Einzeldateien nur die Datei MAPPE1.xlw; es bietet sich das gleiche Bild wie vor dem Schließen. Alle EXCEL-Dateien lassen sich wie gewohnt einzeln bearbeiten.

Wenn Sie einzelne Tabellen der Arbeitsmappe gleichzeitig auf dem Bildschirm haben wollen, dann klicken Sie die gewünschte Inhaltszeile an und wählen *FENSTER - Neues Fenster*. Diese Einstellung bleibt beim Speichern der Arbeitsmappe erhalten.

Sie möchten einen längeren Text in eine Zelle aufnehmen, als es die aktuelle Breite zuläßt, jedoch soll die Breite der Spalte unverändert bleiben.

Markieren Sie die zu formatierende(n) Zelle(n) und wählen Sie im Menü *FORMAT - Ausrichtung ...* - Im Dialogfenster "Ausrichtung" erscheint unten die Option "*Zeilenumbruch*" (anklicken). Nun ist die gesamte Zeile der formatierten Zelle(n) entsprechend höher und die Schrift dieser Zelle(n) untereinander. Allerdings kann die Worttrennung unpassend sein.

Sie können in die Wörter passende Trennungsstriche ("-") einfügen oder einen Zeilenumbruch mit Alt + ↵ erzwingen.

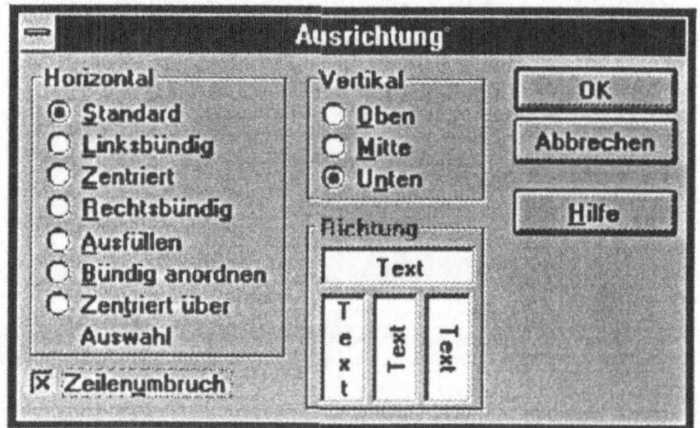

Ab der Version 4 besteht zusätzlich die Möglichkeit, Text über mehrere Spalten hinweg zu zentrieren: Aktivieren Sie die Symbolleiste Standard (mit: *OPTIONEN - Symbolleisten ... - Standard - Einblenden*). Markieren Sie die Zellen, die der Text überspannen soll und wählen Sie den Funktionsknopf mit dem "a" ["Zentrieren über Spalten"].

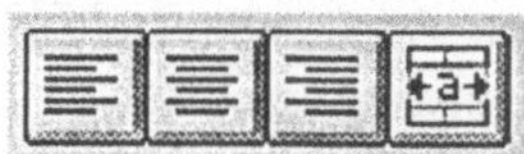

Die Druckformatvorlage 7

Wenn Sie z. B. mit MS WORD arbeiten, dann kennen Sie die Möglichkeit, sich individuelle Formatierungen von Text, Überschriften, Fußnoten usw. zurechtzulegen. Dies erspart das wiederholte Formatieren einzelner, gleichartiger Textpassagen.

Dieselbe Möglichkeit bietet auch EXCEL. Der Unterschied zu WORD ist jedoch, daß in der Textverarbeitung eine Vorlage ("Druckformatvorlage" - *.dfv) für beliebig viele Texte erstellt wird, während EXCEL für jede Tabelle (auch: Makrovorlage etc..) eigene Druckformatvorlagen benötigt. Derzeit lassen sich durch ein Format sechs Eigenschaften vordefinieren: Zahlenformat, Schriftart, Ausrichtung, Rahmenart, Muster und Zellschutz. (siehe die ersten sechs Punkte im Menü *FORMAT*).

Generelle Wirkung der Druckformatvorlage: Wird auf eine Zelle(ngruppe) ein Format angewandt, so überträgt EXCEL nur jene Eigenschaften und deren Ausprägungen, die im Format ausdrücklich definiert sind. Alle übrigen Formatierungen in der betroffenen Zelle(ngruppe) bleiben davon unberührt!

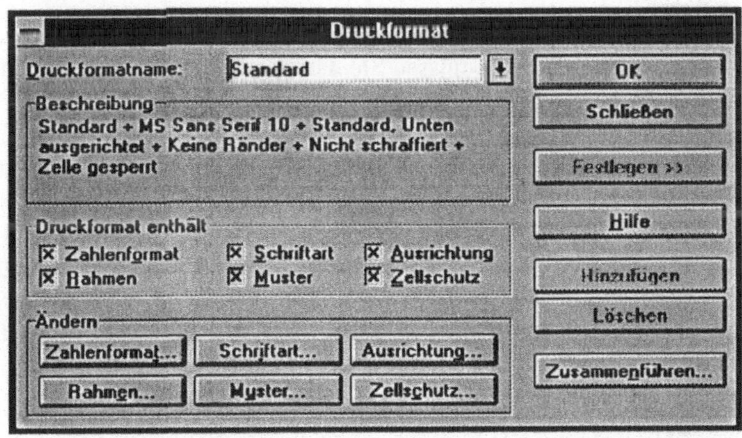

Bei der Installation von EXCEL sind bereits sechs Formate vordefiniert: Standard (Voreinstellung), Währung, Währung0, Dezimal, Dezimal0 und Prozent.

Das Standardangebot an Formatierungen reicht für Ihre Zwecke nicht aus und Sie möchten sich eine Druckformatvorlage frei nach eigenen Vorstellungen definieren.

Wählen Sie aus dem Menü *FORMAT - Druckformatvorlage ...* und gehen Sie zur Vorlage "Standard" oder zu jener, die Ihrem Wunsch am ähnlichsten ist und ändern Sie sie durch Hinzufügen oder Entfernen einzelner Eigenschaften.

Geben Sie der neuen Druckformatvorlage einen sprechenden Namen ("Druckformatname"). Gleichzeitig mit dieser Eingabe wird der Funktionsknopf "*Hinzufügen*" aktiv. Erst durch Hinzufügen wird diese Änderung gespeichert!

Entfernen Sie unerwünschte Ausprägungen einfach durch Anklicken der Eigenschaft im Fenster "Druckformatvorlage enthält" (das Kästchen ist nicht mehr angekreuzt!).

Wollen Sie hingegen eine Formatierung konkret rückgängig machen (z. B. Aufheben einer Schraffur), so müssen Sie dies ausdrücklich neuerlich definieren (z. B. in *Muster - Schraffur - keine*).

EXCEL merkt sich die letzte Ausprägung jeder Eigenschaft, auch wenn sie entfernt wurde.

Vorsicht: Wenn Sie zu viele Vorlagen verwenden, so kann es rasch unübersichtlich werden. Hier gilt: weniger ist mehr. Ebenso sollten Sie nur <u>eine</u> Schriftart und wenige Ausprägungen verwenden, um ein ruhiges Schriftbild zu erreichen.

Eine Druckformatvorlage übernehmen 9

Sie möchten eine neue Druckformatvorlage definieren und dabei ein bestehendes Beispiel als Vorbild nutzen oder eine bereits definierte Vorlage von einer anderen EXCEL-Datei übernehmen.

(1) **Übernahme aus einem Beispiel**: Formatieren Sie eine Zelle(ngruppe) wie gewünscht und wählen Sie *FORMAT - Druckformatvorlage ....* Geben Sie den neuen Vorlagennamen in das Feld "Druckformatvorlagenname" ein. Im Fenster "Beschreibung" übernimmt EXCEL die Formatierung. Klicken Sie anschließend auf *Festlegen >> - Hinzufügen - OK*

(2) **Übernahme aus einem anderen EXCEL-Dokument**: Laden Sie die Quelltabelle auf die Arbeitsfläche und dazu die Zieltabelle. Wählen Sie dann *FORMAT - Druckformatvorlage ... - Festlegen >>*

Wählen Sie die gewünschte Vorlage über die Option "*Zusammenführen*" aus einer anderen Tabelle aus. Es erscheint ein Auswahlfenster mit dem/den geladenen Quelldokument(en). Klicken Sie das Quelldokument an.

Sind in der Zieltabelle bereits gleichnamige Druckformatvorlagen vorhanden, so fragt EXCEL (nur einmal) "**Druckformatvorlagen mit gleichen Namen zusammenführen? - Ja - Nein - Abbrechen**". *JA* überschreibt die Vorlagen der Zieltabelle; *NEIN* übernimmt nur die ungleichnamigen.

Sie können für die Übernahme einzelne Vorlagen nicht auswählen! Wenn Sie dies dennoch möchten, so müssen Sie sich einer Zwischentabelle bedienen, die Sie zuerst von allen Vorlagen "ausgeräumt" (Löschen) haben. Übernehmen Sie dann die Druckformatvorlagen der Quelltabelle pauschal, löschen Sie neuerlich das nicht Erwünschte und kopieren Sie jetzt den Rest in die Zieltabelle.

Wichtig: Jede Veränderung von Vorlagendefinitionen durch eine Übernahme wirkt sich sofort auf alle damit formatierten Zellen aus.

10 Eine Druckformatvorlage verändern

Sie möchten eine vorhandene Druckformatvorlage verändern, die Änderung abspeichern und die Vorlage auf die Zellen Ihres Rechenblattes anwenden.

Wählen Sie *FORMAT - Druckformatvorlage ...*. Im Auswahlfeld "Druckformatvorlagenname" des Dialogfensters erscheint der Wert "Standard" und im Fenster "Beschreibung" die Einstellung dazu. Die anderen Druckformatvorlagen werden zugänglich, wenn Sie auf den Pfeil neben dem Auswahlfeld "Druckformatvorlagenname" klicken und dadurch das Auswahlfenster öffnen.

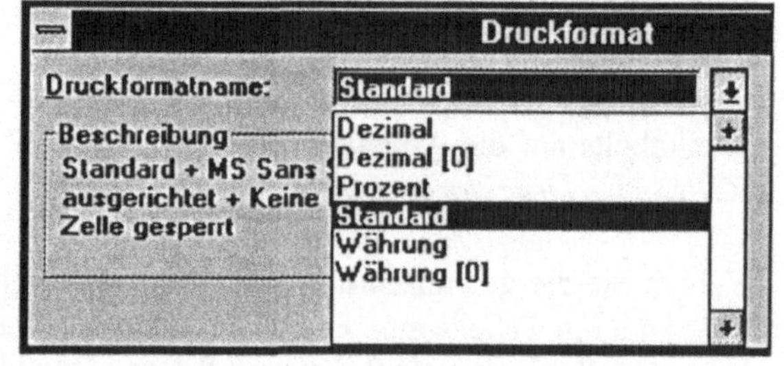

Zum Verändern der Druckformatvorlage klicken Sie auf den Funktionsknopf "*Festlegen* >>". Das Dialogfenster erweitert sich nach unten um die Felder "Druckformatvorlage enthält" und "Ändern".

Wählen Sie z. B. "*Schriftart*" und "*Ausrichtung*" an. Sofort erweitert sich die Beschreibung um die in der Vorlage "Standard" eingetragenen Eigenschaften (als Grundeinstellung). Passend dazu erhalten Sie im Fenster "Ändern" Zugang zu den Optionen "*Schriftart ...*" und "*Ausrichtung ...*". Jede dieser Optionen eröffnet das Dialogfenster, wie es vom Menü *FORMAT* her bekannt ist.

Wenden Sie die Vorlage an, indem Sie die zu formatierende(n) Zelle(ngruppe) markieren und die gewünschte Druckformatvorlage über den Namen auswählen. EXCEL führt die Formatierung sofort durch.

Jede nachträgliche Veränderung der Vorlagendefinition wirkt sich sofort auf alle damit formatierten Zellen in der gesamten EXCEL-Tabelle aus.

Ein- / Ausblenden von Zeilen und Spalten 11

Einzelne Zeilen oder Spalten einer Tabelle sollen nur fallweise gezeigt werden, jedoch beim Ausdrucken verborgen bleiben, weil sie z. B. Zwischenergebnisse enthalten. Sie wollen oder können jedoch die Gliederungsfunktion nicht anwenden.

Markieren Sie die Zeile (oder Spalte) und wählen Sie *FORMAT - Zeilenhöhe* (oder *Spaltenbreite*). Unten im Dialogfenster stehen die Funktionsknöpfe "*Ausblenden*" und "*Einblenden*" zur Verfügung - klicken Sie "*Ausblenden*" an.

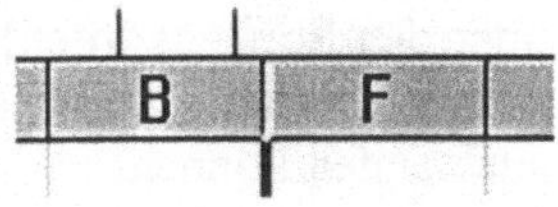

Die Zeile / Spalte wird ausgeblendet, <u>ohne</u> daß sich am Inhalt etwas ändert. In der Zeilen- /Spaltenkopfleiste deutet ein dickerer waagrechter / senkrechter Strich auf die Stelle der ausgeblendeten Zeile / Spalte hin. Im Bild rechts sind die Spalten C, D und E ausgeblendet. Es stehen Ihnen drei Wege offen, um ausgeblendete Zeilen / Spalten wieder sichtbar zu machen:

(1) Markieren Sie die Zeilen / Spalten von vor bis nach der ausgeblendeten Zeile / Spalte; wählen Sie *FORMAT - Zeilenhöhe* (oder *Spaltenbreite*) und klicken den Funktionsknopf "*Einblenden*" an.

(2) Führen Sie den Cursor an der Zeilen- / Spaltenkopfleiste entlang, etwas unter die Zeile / hinter die Spalte auf den dicken Strich, bis er seine Form ändert. Klicken Sie dann diese Position auf der Zeilen-/Spaltenkopfleiste an. Die vorhin verborgenen Zeilen / Spalten öffnen sich.

(3) Sollen <u>alle</u> verborgenen Zeilen / Spalten wieder geöffnet werden, so markieren Sie das gesamte Rechenblatt durch Anklicken des Funktionsknopfes am Schnittpunkt der Zeilen- und Spaltenkopfleiste und fahren dann fort wie unter (1).

12 Gliedern einer Tabelle

Eine Tabelle enthält Zeilen mit Detailwerten sowie deren Zwischen- und Hauptsummen. Um die Übersicht zu erleichtern, sollen die Detailwerte und einzelne Zwischensummen sowohl auf dem Bildschirm als auch auf dem Ausdruck in freier Wahl angezeigt oder ausgeblendet werden.

In der Symbolleiste Werkzeug finden Sie die Funktionsknöpfe für das Gliedern. Markieren Sie die Zeilen (oder Spalten) der hinabzustufenden Gruppe und klicken Sie einmal auf den Pfeil nach rechts. Links neben den Zeilenköpfen (sowie über den Spaltenköpfen) zeigt eine Graphik die hierarchische Zuordnung der Zeilen (Spalten), die Sie mit dem hier abgebildeten Funktionsknopf ausblenden können.

Klicken Sie auf das [-]. Es werden nun die Zeilen (Spalten) der Gruppe ausgeblendet - beachten Sie die scheinbar lückenhafte Zeilen-(Spalten-) Numerierung. Das [-] wird zum [+]. Vergleichen Sie das Ergebnis auch in der *Seitenansicht* (Menü *DATEI*). Sie falten damit - bildlich - die Tabelle in Höhe, Breite oder gemischt beliebig schuppenförmig zusammen oder ziehen sie wieder auseinander. Sie können die Hinabstufungen jederzeit durch Heraufstufen (Pfeil nach links) einzelner Zeilen oder der gesamten Tabelle wieder aufheben. Dabei ist wichtig, daß Sie vor dem Heraufstufen alle Zeilen wieder sichtbar machen.

		A	B	C
	1	Text	Werte	
	2	Detail 1	100	
	3	Detail 2	200	
−	4	SUMME	300	
+	8	SUMME	1200	
	9	*TOTAL*	*1500*	

Wenn Sie die Gesamtsummen aller Teilsummen berechnen wollen, (im Beispiel oben Zelle B9), dann blenden Sie alle Detailzeilen aus, geben die Summenformel ein und markieren den zu summierenden Bereich wie gewohnt. Vor dem Bestätigen klicken Sie noch auf den Funktionsknopf "nur sichtbare Zellen auswählen" (siehe Bild). EXCEL ändert daraufhn die Bereichsangabe von "B2 : B8" auf "B4 ; B8" selbsttätig ab.

Inhalte aussuchen 13

Sie haben ein umfangreiches Rechenblatt oder eine Makrovorlage erstellt und wollen sich von EXCEL zu jenen Zellen hinführen lassen, die einen bestimmten Inhalt haben. Es sollen alle markiert werden, die irgendeinen Fehlerwert aufweisen.

EXCEL bietet zwei Suchefunktionen an: (1) Eine generelle Suche nach Inhalten und (2) eine gezielte Suche nach einem Zellinhalt oder einem Teil davon. Für die erste Suchart wählen Sie *FORMEL - Inhalte auswählen ...* . Das gleichnamige Dialogfenster enthält eine Anzahl von Optionen; zur Fehlersuche klicken Sie "Formeln" - "Fehlerwerte" an. Nach dem Bestätigen sind alle Zellen, auf die das Auswahlkriterium zutrifft, markiert.

	A	B	C	D
2				
3		Hans	#BEZUG!	
4		Hugo		
5		Holler	#BEZUG!	
6				
7				#NV
8				
9	#BEZUG!			
10			#WERT!	
11				0
12		#DIV/0!		

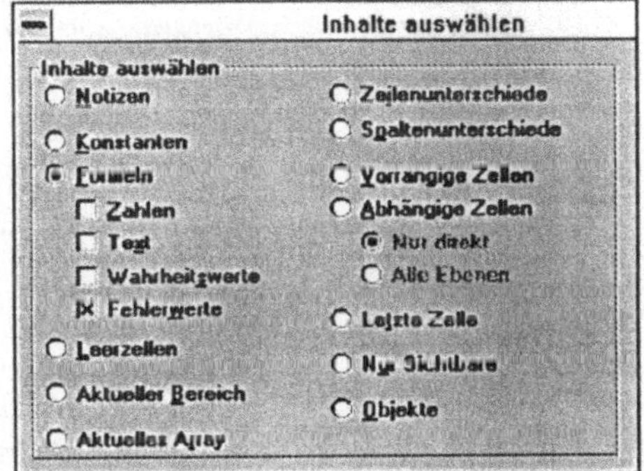

Die andere Möglichkeit ist, nach bestimmten Zellinhalten oder Inhaltsteilen zu suchen, wobei Sie noch die Suchebene (z.B. Formeln, Notizen usw.) und detaillierende Suchparameter angeben können. Der Cursor springt nach dem Bestätigen zur ersten Zelle, auf die die Suchbestimmungen zutreffen. Mit F7 setzen Sie die Suche fort.

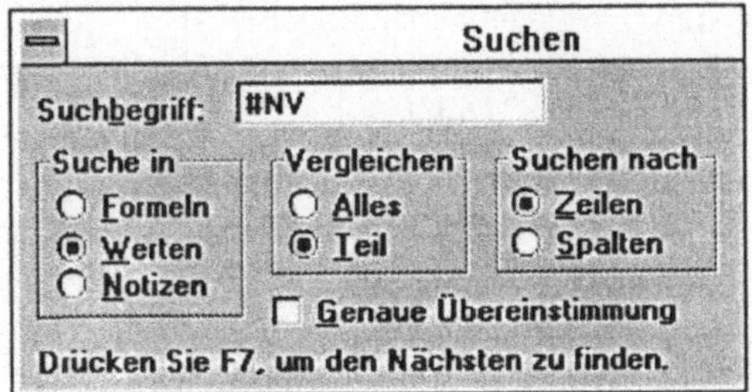

EXCEL zeigt in der Standarddarstellung eines Rechenblattes pro Zelle den direkt eingegebenen Wert oder das Ergebnis aus einer Rechenvorschrift. Dahinter stecken jedoch noch weitere Informationen wie Formeln, Formatierungen und Notizen. Wenn Sie Zellen wie gewohnt kopieren, dann übertragen Sie alle "Schichten" in den Zielbereich. Es erleichtert Ihnen jedoch die Arbeit, wenn Sie nur eine dieser Schichten kopieren können.

Kopieren Sie die Quell-Zellen wie gewohnt in die Zwischenablage mit Strg + Einfg. Gehen Sie dann mit dem Cursor zur ersten Zelle des Zielbereichs und wählen Sie *BEARBEITEN - Inhalte einfügen ...* Das Dialogfenster "Inhalte einfügen" bietet im Auswahlkästchen "Einfügen" *Alles / Formeln / Werte / Formate / Notizen* an.

"**Alles**" entspricht dem gewohnten Kopieren; "**Werte**" trennt die gezeigten Werte von darunterliegenden Formeln; "**Formate**" überträgt nur die Formatierungen ohne Formeln und Werte und "**Notizen**" kopiert den Informationstext der jeweiligen Zelle.

Die Option "*Werte*" ist vor allem dann interessant, wenn man z. B. mit den errechneten Werten andernorts unabhängig weiterrechnen will oder die darunterliegenden Formeln Bezüge enthalten, die nach dem Kopieren (z. B. in ein anderes Rechenblatt) aufgelöst werden. Dann würden statt der benötigten Werte nur Fehlermeldungen erscheinen, da die Bezüge (Referenzen) ins Leere greifen.

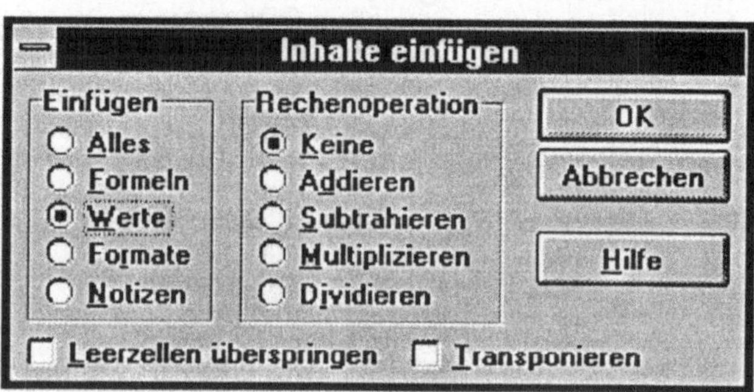

Eine Mustervorlage erstellen 15

Mit etwas Übung haben Sie sich einige Grundeinstellungen wie "Seite einrichten", Druckformatvorlagen usw. zurechtgelegt, die Sie bereits beim Öffnen eines neuen EXCEL-Dokuments als individuelle Voreinstellungen antreffen wollen.

Laden Sie eine neue, leere Tabelle (oder Makrovorlage) und richten sie mit allen Definitionen, Druckformatvorlagen, Seitenattributen usw. wie gewünscht her. Wählen Sie dann *DATEI - Speichern unter ...* - aber noch nicht abspeichern! Benennen Sie die künftige Vorlage im Dialogfenster "Tabelle speichern unter:".

Im Auswahlfenster "Datei als Typ speichern" links unten steht im allgemeinen "Standard". Klappen Sie das Auswahlfenster herunter; es zeigt als zweite Möglichkeit "**Mustervorlage**" an. Klicken Sie darauf und aktivieren Sie ggf noch andere *Optionen*, z. B. "*Sicherungsdatei erstellen*" (EXCEL sichert den Zustand vor dem Speichern in einer *.BAK-Datei.). Mit "*Kennwort*" fordert EXCEL beim Laden der Datei ein Paßwort (max 15 Zeichen, auch Leerzeichen, Ziffern und Zeichen sind zugelassen). **Achtung**: das Kennwort unterscheidet Groß- u Kleinbuchstaben!

Zum Abspeichern wählen Sie als EXCEL-Unterverzeichnis XLSTART (**muß!**) und bestätigen Sie. Der Dateiname erhält die Endung ***.XLT**. Schließen Sie die Tabelle. Beim nächsten Aufruf von *DATEI - Neu ...* ist die Mustervorlage sofort verfügbar (im Bild "Myvorlag"). (EXCEL **3**: erst nach dem nächsten Starten).

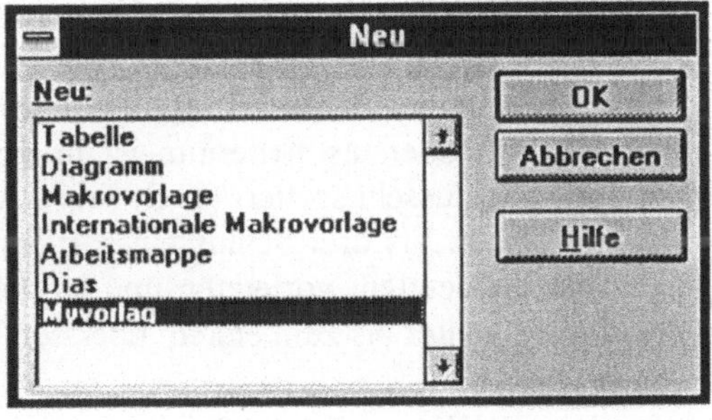

Änderungen können Sie direkt in der *.XLT-Datei durchführen. Halten Sie beim Laden der *.XLT-Datei die ⇧-Taste gedrückt.

Eine Tabelle enthält in einer Spalte oder Zeile Daten, die Sie auf- oder absteigend sortiert brauchen. In einer EXCEL-Tabelle gibt es keine Möglichkeit, Indices aufzubauen; Sie müssen die Daten durch Umlagern in die gewünschte Reihenfolge bringen.

Markieren Sie die zu sortierenden Zellen (Zeilen, Spalten) und wählen dann *DATEN - Ordnen* ... Das Dialogfenster "Ordnen" besteht aus einem Orientierungsteil (Kästchen "Ordnen nach") und einem Schlüsselteil (Kästchen "1. Schlüssel" ... "3. Schlüssel"). "*Ordnen nach Zeilen*" bedeutet, daß die Zellen zeilenweise (horizontal) gegeneinander vertauscht und in die gewünschte Reihenfolge (gemäß der Schlüssel) gebracht werden. "*Ordnen nach Spalten*" speichert die Zellen spaltenweise (vertikal) um.

Der "Schlüssel" (= Sortierbegriff) für ein zeilenweises Ordnen kann natürlich nur in einer Spalte liegen; d. h., daß die Zeilen anhand einer untereinander liegenden Reihe von Zellen sortiert werden. Die Daten erscheinen in der neuen Reihenfolge auf dem Bildschirm.

Widerrufen ist mit *BEARBEITEN - Widerrufen: Ordnen* und **Wiederholen** mit *BEARBEITEN - Wiederholen: Ordnen* möglich

Mehrere Schlüssel ergeben automatisch eine **Sortierhierarchie**: ein oberstes Kriterium ist in sich wiederum nach nachrangigen Schlüsseln sortiert (z. B. Jahr - Monat - Tag - Stunde). Soll nach mehr als drei Schlüsseln sortiert werden, so sortieren Sie zuerst nach dem drittletzten, vorletzten und letzten Schlüssel in der Sortierhierarchie; und so weiter bis zum ersten, obersten Schlüssel.

Anmerkung: Wenn Sie größere, von außen kommende Datenmengen in EXCEL verarbeiten, dann ist ein externes Vorsortieren ökonomischer!

Die Standardbreite / -höhe einstellen 17

Für die Tabelle ist eine Standardhöhe der Zeilen und eine Standardbreite der Spalten vorgegeben; dies kann jederzeit frei verändert werden. EXCEL kann Zeilenhöhe und Spaltenbreite anhand des Inhalts der Zellen optimieren.

Führen Sie den Cursor auf die Trennlinie unter die einzustellende Zeile oder rechts neben die einzustellende Spalte. Die Cursorform wechselt vom "Schweizerkreuz" zu einem schwarzen Symbol mit Pfeilen.

Halten Sie den Cursor in dieser Position und drücken zwei mal die linke Maustaste. Die Zeilenhöhe wird nun an die Schriftgröße (oder an den Zeilenumbruch) angepaßt; die Spaltenbreite an den längsten Text in der Spalte.

Zum freien Einstellen von Spaltenbreite oder Zeilenhöhe steht auch ein Dialogfenster zur Verfügung. Wählen Sie dazu *FORMAT - Zeilenhöhe* ... oder *FORMAT - Spaltenbreite* ... .

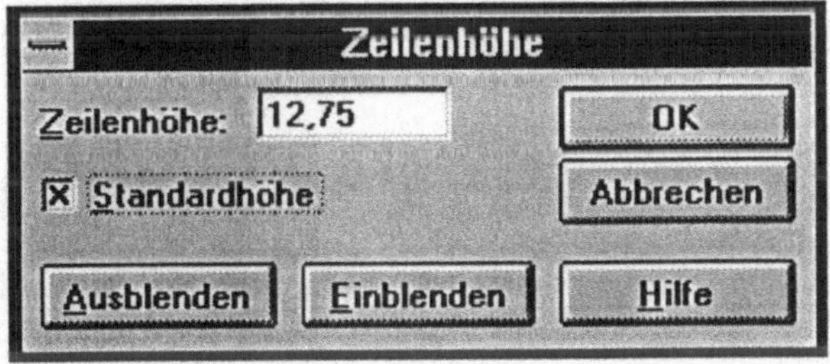

Soll sich ein Text über mehrere Zeilen und Spalten erstrecken, so müssen Sie ihn entweder mit der Funktion "Zentrieren über Spalten" definieren (siehe dazu oben die Anleitungen zu "Ausrichten") oder als Graphik-Element auf die Tabelle legen.

In der Version 4 haben die EXCEL-Entwickler das Steuern eines Anwendungsprogramms mit graphischen Elementen stark in den Vordergrund gestellt. Während es in der Version 3 nur eine fixe Symbolleiste gab, können Sie nun unter 9 solcher Leisten wählen, die hinsichtlich ihrer Position auf dem Bildschirm, der Form und ihrer Zusammensetzung frei veränderbar sind. Dazu kann man sich noch Symbolleisten mit individuell gewählten Funktionsknöpfen zusammenstellen.

Wählen Sie *OPTIONEN - Symbolleisten ...* - Das Dialogfenster "Symbolleisten" zeigt Ihnen alle verfügbaren Leisten; anschließend an "Makropause" folgen alle individuell definierten Symbolleisten.

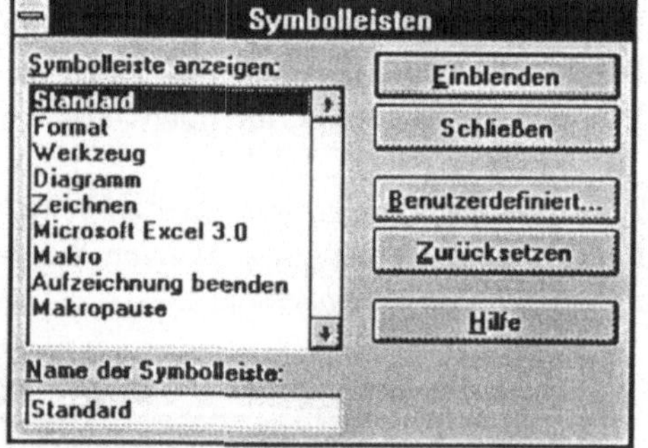

Wählen Sie *Benutzerdefiniert ...*; im gleichnamigen Dialogfenster können Sie die Symbole beliebig zusammenstellen. "Zurücksetzen" (siehe oben) stellt den Ausgangszustand wieder her.

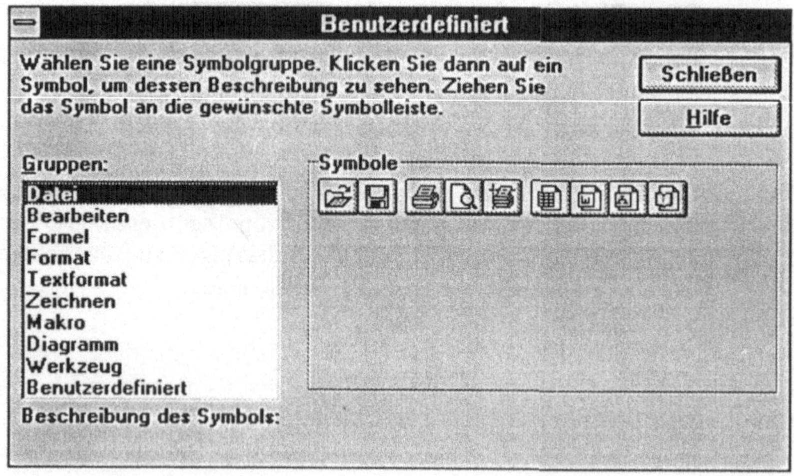

Symbolleisten: Übersicht (1) 19

In der Version 4 haben die EXCEL-Entwickler das Steuern eines Anwendungsprogramms mit graphischen Elementen stark in den Vordergrund gestellt. Die Übersicht soll Ihnen eine Orientierung geben.

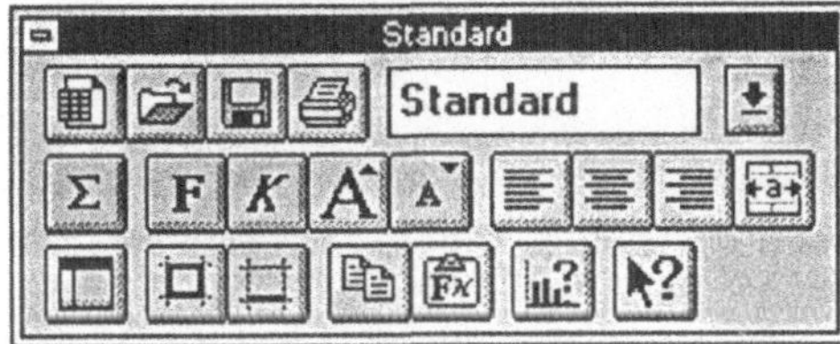

Die Symbolleiste **Standard** erscheint nach dem Starten. Funktionen: Dateihandhabung; Druck; Schriftart; Textanordnung; Einrahmen; Kopieren, Diagrammassistent; Hilfe.

Format: Druckformat; Schriftarten; Zahlenformate; Schattierungen.

Werkzeug: letzte Aktion rückgängig machen / wiederholen; Kopieren; Einfügen; Größe verändern; Sortieren; Zugriffssperre; Gliederung; Spezialfunktionen (z. B. Kamera, Rechtschreibprüfung); Druckbereich festlegen; neu berechnen (= F9).

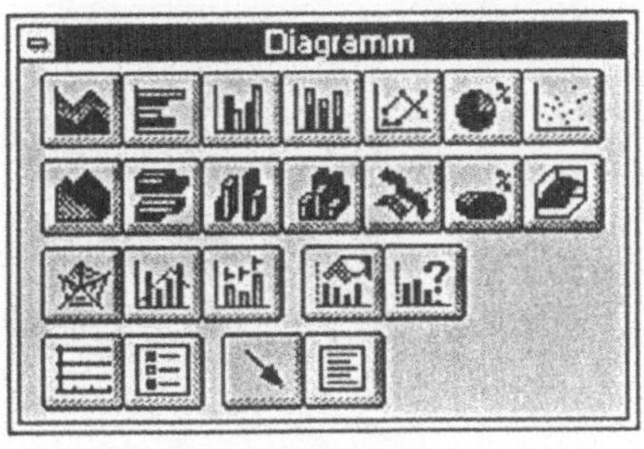

Diagramm: diverse Diagrammtypen (z. B. Flächen, Balken, Säulen, Linien; Kreise, 3D); Vorzugsform definieren; Diagrammassistent (geführte Diagrammerstellung); Beschriftungen; Pfeile und Texte einfügen.

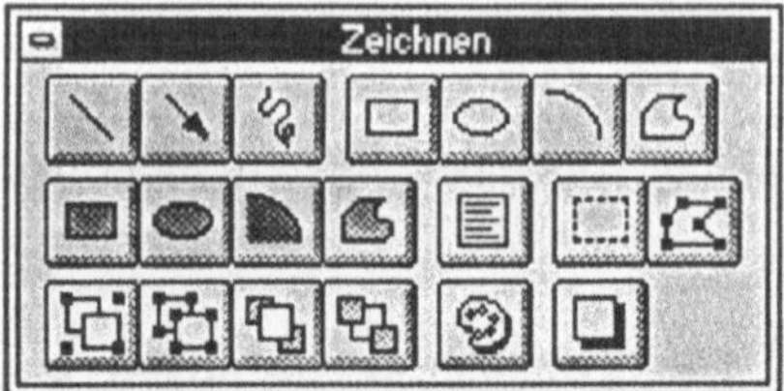

Zeichnen: Linien; Pfeile; freihändiges Zeichnen; geometrische Formen; Ausfüllen von Formen; Gruppierungen; Aufeinanderlegen von Objekten; Farbgestaltung; Schattierung

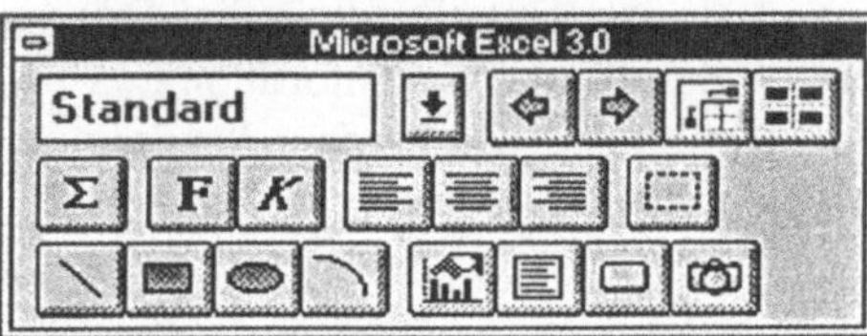

Excel 3: enthält die gleichen Symbole, wie die Symbolleiste in der alten Version 3. Funktionen: Formatieren; Gliedern; Schriftart; Textgestaltung; Graphikelemente; spezielle Funktionen.

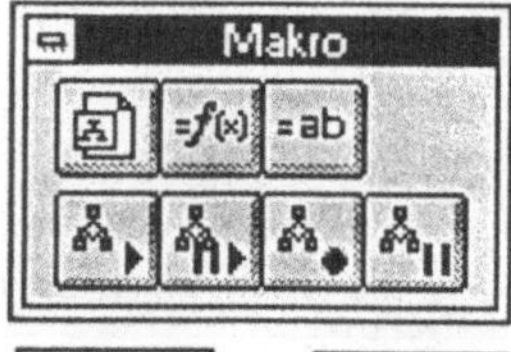

Makro: neue Makrovorlage; Funktion und Namen einfügen; Makroausführung steuern (z. B. ausführen, schrittweise, anhalten); Aufzeichnung;

Eine Symbolleiste zusammenstellen 21

Eine Fülle von Funktionen ist durch ein Symbol aufrufbar. Sie möchten sich eine eigene Symbolleiste der von Ihnen am häufigsten gebrauchten Befehle zusammenstellen.

Falls noch keine Tabelle geladen ist, holen Sie sich eine neue auf den Bildschirm, damit alle Menüpunkte zugänglich sind, und schieben Sie sie so weit es geht an den Bildschirmrand. Wählen Sie *OPTIONEN - Symbolleisten ...* . Tragen Sie unten im Eingabefenster "Name der Symbolleiste" eine frei gewählte Bezeichnung für Ihre Symbolleiste ein und klicken Sie auf *Einfügen*. Es erscheint eine leere Symbolleiste mit dem bewählten Namen im Arbeitsbereich des Bildschirms.

Sie gelangen daraufhin in das Dialogfenster "Benutzerdefinert". Das Auswahlfenster "Gruppen" zeigt alle verfügbaren Symbolleisten. Rechts im Anzeigefeld "Symbole" sehen Sie die Bildchen. Durch Anklicken erhalten Sie unten eine Beschreibung des Symbols. Wählen Sie die einzelnen Gruppen und holen Sie mit der Maus die gewünschten Funktionssymbole in Ihre Symbolleiste.

Wenn Sie ein leeres Symbol zum Zuweisen eines Makros auf eine Symbolleiste ziehen, erscheint zur Auswahl des Makrobefehls das Dialogfenster "Symbol zuweisen". Sie können jede Symbolleiste beliebig zusammenstellen, auf den Anfangszustand zurücksetzen und löschen; zentrale Stelle dafür ist das Dialogfenster "Symbolleisten".

√Standard
Format
Werkzeug
Diagramm
Zeichnen
Microsoft Excel 3.0
Makro
Diagrammassistent
√PRIVAT!
Symbolleisten...
Benutzerdefiniert...

Sie haben auch eine Möglichkeit, alle bestehenden Symbolleisten rasch ein- oder auszublenden: Klicken Sie mit der **rechten** Maustaste auf irgendeine Symbolleiste. Im Auswahlfenster, das daraufhin erscheint, sind die eingeblendeten Leisten angehakt.

Sie haben eine Tabelle mit Beschriftungen und Formeln erstellt und wollen sich gegen (unbeabsichtigtes, unbefugtes) Verändern oder Löschen von Tabellenteilen oder der ganzen Datei absichern.

Der Zellschutz erfordert zwei Schritte: (1) Sperrkennzeichen für die Zelle(n) setzen und (2) gesamtes Rechenblatt schützen. **Grundeinstellung**: das Sperr-Kennzeichen ist gesetzt. Somit ist für alle Zellen, die zugänglich sein sollen, dieses Kennzeichen aufzuheben.

Markieren Sie den zu sichernden Bereich gehen Sie mit *FORMAT - Zellschutz ...* . in das Dialogfenster "Zelle schützen". Dort können Sie wählen: **GESPERRT** - weist eine Eingabe in die ausgewählten Bereiche nach dem Schützen des gesamten Rechenblattes ab. **FORMEL AUSBLENDEN** - zeigt die hinter einer Zelle stehende Formel nicht an.

Dieser Zellschutz wirkt nicht sofort, sondern muß noch in einem zweiten Schritt aktiviert werden: *OPTIONEN - Datei schützen ...*

EXCEL quittiert den Versuch, die geschützten Zellen verändern zu wollen, mit dem Fehlerhinweis: **Gesperrte Felder können nicht geändert werden.**

Sperre entfernen mit *OPTIONEN - Dateischutz aufheben.*

Kennwort vergeben: *OPTIONEN - Datei schützen ...* und im Dialogfenster das Feld "Kennwort" ausfüllen; zur Sicherheit verlangt EXCEL eine zweite Kontrolleingabe.

Die Kennwortprüfung (max 15 Zeichen) unterscheidet Groß- und Kleinbuchstaben! - Die Eingabe des Kennworts wird bei *OPTIONEN - Dateischutz aufheben ...* verlangt. Bei abgewiesener Eingabe erscheint der Hinweis: "ungültiges Kennwort".

Zahlen individuell formatieren 23

Sie können aus einer umfangreichen, strukturierten Palette von Zahlenformaten für die verschiedensten Zellinhalte auswählen. Dennoch gibt es darüber hinaus Situationen, in denen Sie noch zusätzliche Gestaltungsfreiheiten in Anspruch nehmen möchten.

Das Beispiel unten zeigt ein paar Tricks. Spalte A enthält die Eingabe, B den Text des Zahlenformats, den Sie in das Eingabefeld des Dialogfensters "*Zahlenformat*" (Menü *FORMAT*) frei hineinschreiben können, und die Spalte C zeigt das Ergebnis.

	A	B	C
1	Eingabe	Zahlenformat	Ergebnis
2	47	#,000. "Mio us$"	,047 Mio us$
3	471		,471 Mio us$
4	4711		4,711 Mio us$
5	4711,89		4,712 Mio us$
6	06-06-1992	"Heute, am " TTTT", den "TT-MM-JJJJ", schrieb ich dies."	Heute, am Samstag, den 06-06-1992, schrieb ich dies.
7	766	[>500]"Maximum"; [<-500]"Minimum"; ##0,00;"k/A"	Maximum
8	488		488,00
9	-299		-299,00
10	-633		Minimum
11	Text		k/A
12	251151	"na bitte ...!"	na bitte ...!
13			

Die Zeilen sieben bis elf zeigen ein sogenanntes **"bedingtes Format"**. Das Format "[>500]"Maximum"; [<-500]"Minimum"; #0,00;"k/A" legt fest, wie die Eingabe darzustellen ist, wenn der eingegebene Wert 500 übersteigt oder -500 unterschreitet. Zudem läßt sich die Eingabe auch gänzlich unterdrücken. Ein Eingabewert zwischen 500 und -500 wird wie gewohnt wiedergegeben und eine Texteingabe anstelle einer Zahl erscheint als Hinweis "k/A".

Sie wollen von einer Zelle(ngruppe) zu einer anderen Zelle(ngruppe) eine Beziehung herstellen und dabei die Zeile/Spalte-Schreibweise verwenden, die Sie von einer anderen Tabellenkalkulation gewohnt sind, oder in einer Makrovorlage mit den Bezugsangaben "rechnen" (im Sinne einer Adreßrechnung).

EXCEL bietet in der Grundeinstellung die "A1"-Schreibweise an: Die Spalten sind mit Buchstaben von "A" bis "IV" (= 256) bezeichnet und die Zeilen mit Zahlen von 1 bis 16.384. Das ist prägnanter und entspricht unserer Lesegewohnheit (von links nach rechts und dann von oben nach unten). Der Nachteil: Es lassen sich damit keine Positionen auf der Tabelle berechnen. Daher können Sie auf die andere Darstellung umschalten: Wählen Sie *OPTIONEN - Arbeitsbereich* ... und im Dialogfenster "Arbeitsbereich-Optionen" im Kästchen "Bildschirmanzeige" die Option "Z1S1".

A B C D E
=SUMME(A2:C2)
=B2
=QUELLE.XLS!$B$8
=A5
=E8
=C11
QUELLE.XLS
A B
Quelle

EXCEL wechselt mit der Darstellungsweise die Bezüge automatisch. So wird z.B. aus

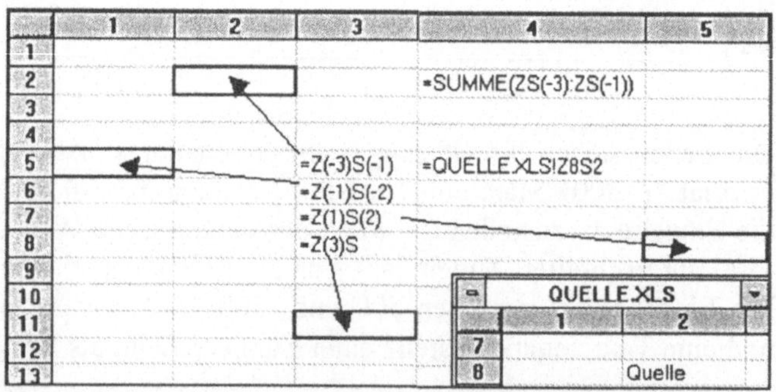

der Formel "=SUMME (B2:B4)" in der Zelle B5 die Formel "=SUMME (Z(-3)S:Z(-1)S)". In den Handbüchern der Version **3** ist der **Fehler**, daß dort eckige Klammern "[ ]" anstelle der richtigen runden "( )" angegeben sind!

Die Bezugsart rasch wechseln 25

Sie haben in verschiedene Zellen Formeln eingegeben, die auch Bezüge enthalten. Sie wollen nachträglich gezielt die Bezugsart von absolut auf relativ (oder umgekehrt) abändern.

Gehen mit [F2] in die Bearbeitungszeile, in der die zu bearbeitenden Formel steht und stellen Sie den Cursor-Strich <u>hinter</u> die Bezugsangabe, die Sie veränderen wollen. Bei mehreren Bezügen in der Formel: markieren Sie alle in Frage kommenden.

=SUMME(A2:A4;ABS(A6))-MITTELWERT(A10;A11;A16)

Blättern Sie mit [F4] die Möglichkeiten bis zur gewünschten Form durch (Reihenfolge: A1 - $A$1 - A$1 - $A1).

=SUMME($A$2;$A$4;ABS(A6))-MITTELWERT(A10;A11;A

26 Bezüge: Das Verhalten beim Kopieren

Sie wollen eine Zelle kopieren, die eine Formel mit relativen und absoluten Bezügen enthält. Welches Ergebnis können Sie aufgrund der von EXCEL automatisch vorgenommenen Anpassung der Bezüge erwarten?

Das Beispiel zeigt, daß die Zelle C8 nach D13 kopiert wurde. Die absoluten Bezüge (also jene mit dem vorangestellten "$"-Zeichen) blieben unverändert. Die anderen, "relativen" Bezüge, hat EXCEL genau um die Entfernung Quelle - Ziel angepaßt: z. B. aus "A8" wurde "B13" (also: eine Spalte und fünf Zeilen dazu).

	A	B	C	D
7				
8	8		=A8+$A$9+A$10+$A11	
9	9			
10	10			
11	11			
12	12			
13	13			=B13+$A$9+B$10+$A16
14	14			
15	15			
16				

Oft ergibt es sich, daß Bereiche z. B. nach unten erweitert werden müssen - das Einfügen dazwischen ist kein Problem, aber das Anfügen am Anfang und zum Schluß. Daher: **vor** und **nach** dem Bereich in der Formel, die die Bereichsangabe (z. B. "D3:D9") enthält, einfach noch eine Zelle freilassen, und diese in den Rechenbereich mit einbeziehen (also: "D2:D10"). Die leere Zelle stört die Berechnung nicht.

Trick: Das Kopieren von relativen Bezügen ohne deren automatische Veränderung durch EXCEL ist möglich, indem Sie den Inhalt der Bearbeitungszeile in die Zwischenablage kopieren (mit [F2] in die Bearbeitungszeile; den Inhalt markieren; [Strg] + [Einfg]) und in der Zielzelle wiederum in die Bearbeitungszeile einfügen lassen ([⇧] + [Einfg]).

Beim Verändern einer Tabelle wollen Sie einen Zellbereich verlagern, auf den sich Formeln in anderen Zellen (die ihren Platz behalten) beziehen. Bei dieser Verlagerung können Sie sicher sein, daß EXCEL die abhängigen Formeln automatisch anpaßt.

Die Zellen C2 und C3 enthalten Formeln, die sich auf Zellen in der Spalte A beziehen.

	A	B	C
1	1		
2	2		=SUMME(A1:$A$6)
3	3		=A$3+$A4
4	4		
5	5		
6	6		
7			

Nach dem Verlagern des gesamten Quellbereichs, hier im Beispiel die Zellen A1 bis A6, hat EXCEL die Formeln in den Zellen C2 und C3 an den neuen Quellbereich angepaßt.

	A	B	C
1		1	
2		2	=SUMME(B1:$B$6)
3		3	=B$3+$B4
4		4	
5		5	
6		6	
7			

Sie haben eine Hierarchie von Tabellen aufgebaut; jede der übergeordneten Rechenblätter enthält Berechnungsergebnisse aus den nachrangigen. Änderungen an einer Stelle sollen sich sofort überall auswirken, um die Aktualität zu gewährleisten.

Hinterlegen Sie in jenen Zellen der übergeordneten Tabelle sogenannte "externe Bezüge", die auf die untergeordneten verweisen sollen. Im Beispiel unten enthält die Zelle B3 die Formel "='BUDGET10.XLS'!$B$8". Die Angaben bis zum Rufezeichen (das als Trennmarke dient) sind der Verweis auf die andere Tabelle (Pfad- und Dateiangabe nach DOS-Konvention).

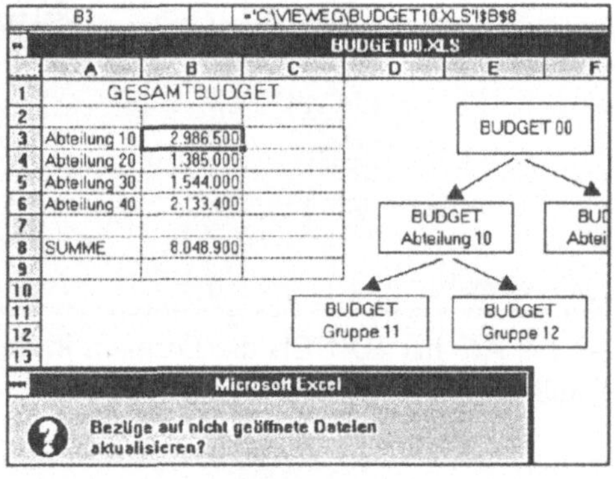

Es ist nicht erforderlich, daß Sie alle durch externe Bezüge verknüpften Tabellen laden, nur um eine zu bearbeiten. EXCEL fragt immer, ob die soeben geladene Tabelle aktualisiert werden soll. *JA* führt diesen Schritt durch, ungeachtet, ob die untergeordneten Tabellen auch tatsächlich verändert wurden. *NEIN* verändert keine Inhalte; auch die Funktion *Neu berechnen* (in *OPTIONEN - Neu berechnen ...* oder: F9) aktualisiert die externen Bezüge nicht.

Zum nachträglichen Aktualisieren haben Sie zwei Möglichkeiten: (1) Sie laden die verknüpfte(n) Datei(en) auch. Oder (2) Sie wählen *DATEI - Verknüpfte Dateien öffnen ...* , markieren dann im Dialogfenster "Verknüpfungen" alle Dateien im Auswahlfenster "verknüpfte Dateien" und klicken schließlich *Aktualisieren* an.

Verknüpfungen
Verknüpfungsart:
Excel Verknüpfungen
Verknüpfte Dateien:
C:\VIEWEG\BUDGET10.XLS
C:\VIEWEG\BUDGET20.XLS

Eine Liste aller Namen erstellen 29

Sie haben in Ihrem Rechenblatt für eine Reihe von Zellen Namen vergeben und wollen sich von EXCEL zur Dokumentation eine Übersichtsliste erstellen lassen.

Markieren Sie jene Zelle, bei der die Liste beginnen soll (linkes oberes Eck) und wählen dann *FORMEL - Namen einfügen ...*

Klicken Sie im Dialogfenster "Namen einfügen" auf die Option "*Liste einfügen*".- EXCEL fügt eine zwei- oder vierspaltige Liste an der markierten Zelle ein:

Spalte 1: alphabetische Liste der Namen; Spalte 2: Bezug (Adresse) in absoluter Schreibweise ("=A1$1"). EXCEL generiert zwei zusätzliche Spalten, wenn diese Funktion in einer **Makrovorlage** aufgerufen wird: Spalte 3: Herkunftscode 1 = benutzerdefinierte Funktion, 2 = Befehlsmakro und 0 = sonstig; Spalte 4: zugeordnete Tastenkombination zum Aufruf des Befehlsmakros (Herkunftscode 2).

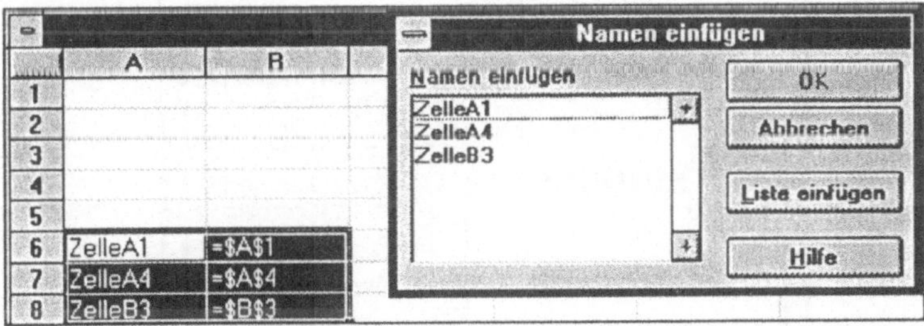

Nach dem Einfügen bleibt die gesamte Namensliste noch markiert. Das können Sie gleich nutzen, um die Namensliste in ein getrenntes Dokumentationsblatt zu übertragen (Ausschneiden - in die Doku-Tabelle wechseln - Einfügen). Damit ist diese Liste im Original nicht im Weg und Sie erhalten einen guten Wegweiser ohne großen Aufwand, besonders, wenn Sie ein System von mehreren (verknüpften) Tabellen erstellt haben.

Die Namen in Formeln verwenden

Ein Rechenblatt enthält eine Anzahl von Formeln, die sich auf verschiedene Zellen und Zellbereiche beziehen. Um sich besser zurechtzufinden, haben Sie dafür Namen vergeben (siehe oben). Jetzt möchten Sie diese Namen auch in den Rechenvorschriften verwenden.

Gehen Sie zu der zu bearbeitenden Zelle und dann mit F2 in die Bearbeitungszeile. Dort können Sie an jeder beliebigen Stelle einer Formel Namen eingefügen. EXCEL unterstützt Sie dabei mit einer Nachschlagefunktion:

Stellen Sie den Cursor an die Einfügestelle und holen Sie sich mit *FORMEL - Namen einfügen ...* das gleichnamige Dialogfenster auf den Bildschirm. Es bietet Ihnen eine Liste der verfügbaren Namen.

Wählen Sie den erforderlichen Namen durch doppeltes Anklicken.

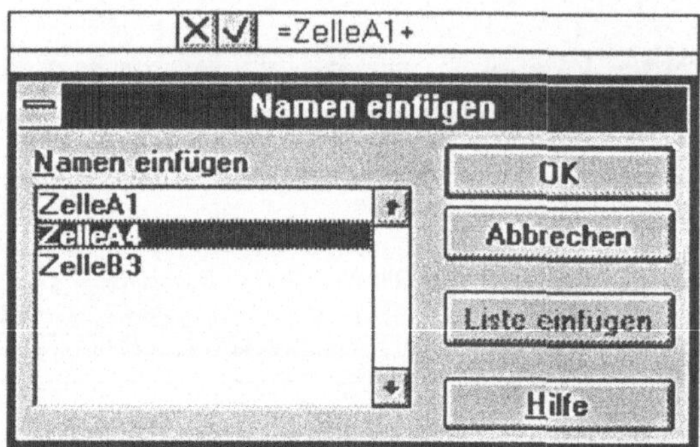

Beachten Sie, daß stets die Parameter einer Funktion (hier: die Namen) sowie die Elemente einer Liste durch einen Strichpunkt zu trennen sind.

In einer Tabelle gibt es Zellen oder Bereiche, auf die sich Formeln immer wieder beziehen und die auch schon wegen der besseren Verständlichkeit einen sprechenden Namen erhalten sollen.

Wählen Sie *FORMEL - Namen festlegen ...* - Es erscheint das Dialogfenster "Namen festlegen", der Cursor steht bereits im Eingabefeld für den Namen; geben Sie dort den gewünschten Namen ein.

Aus dem Beispiel unten ersehen Sie, daß EXCEL auch einen Zellinhalt (hier: Text in der Zelle D2) als Benennungsvorschlag für die darunterliegenden markierten Zellen in das Eingabefeld "Name:" übernehmen kann.

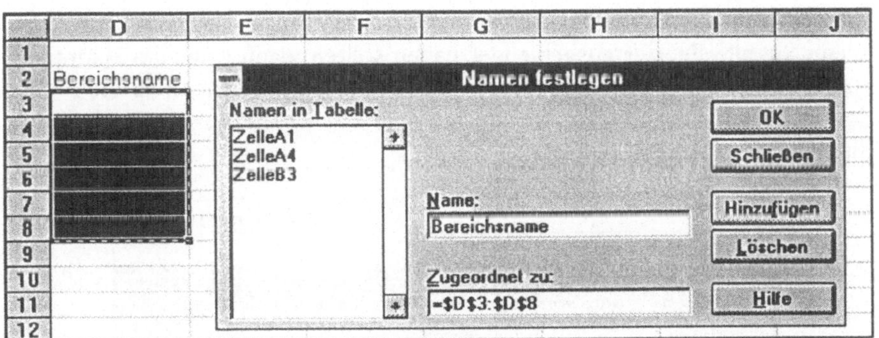

Im Feld "Zugeordnet zu:", ganz unten ist automatisch der absolute Bezug ("$") eingetragen, der jedoch änderbar ist.

Sie bearbeiten mehrere Tabellen(fenster) gleichzeitig, seien es einzelne oder durch die "Arbeitsmappe" zusammengefaßte. Das kann rasch unübersichtlich werden. Ein ständiges Öffnen und Schließen einzelner Fenster ist umständlich und unzweckmäßig.

Die komfortable Lösung bietet die Funktion des Aus- und Einblendens einzelner Fenster. Wählen Sie *FENSTER - Ausblenden*: das aktive Fenster wird nicht mehr gezeigt, bleibt jedoch inhaltlich unverändert verfügbar.

Mit *FENSTER - Einblenden ...*: schlagen Sie ein Hilfsmenü mit den ausgeblendeten Fenstern zur Auswahl auf, und Sie können wie gewohnt auswählen.

Wenn Sie alle Fenster ausgeblendet haben sollten, dann zeigt die Hauptmenüleiste nur mehr die Punkte "Datei" und "?" (Hilfe). Dennoch ist die Funktion Einblenden zugänglich: wählen Sie *DATEI - Einblenden ...*: dort finden Sie den Befehl *Einfügen ...* .

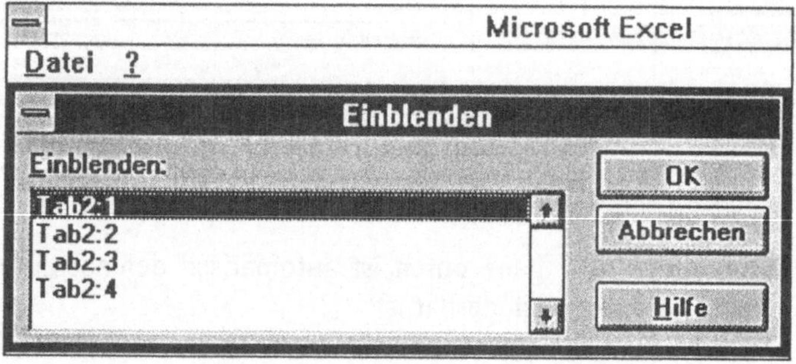

Die Formeln anzeigen 33

Sie haben in Ihrem Rechenblatt in eine Reihe von Zellen Formeln eingegeben und wollen sich einen Überblick verschaffen. In der Standardanzeige erscheint in der Befehlszeile nur die Formel der Zelle, auf der sich der Cursor gerade befindet.

EXCEL bietet Ihnen zwei Darstellungsformen, die gewohnte, die die Berechnungsergebnisse zeigt, und die Formeldarstellung (die übrigens für die Makrovorlage Standard ist).

Wählen Sie *OPTIONEN - Bildschirmanzeige* ... - Im Dialogfenster "Bildschirmanzeige", Auswahlkasten "Zellen" steht zuoberst die Option "Formeln".

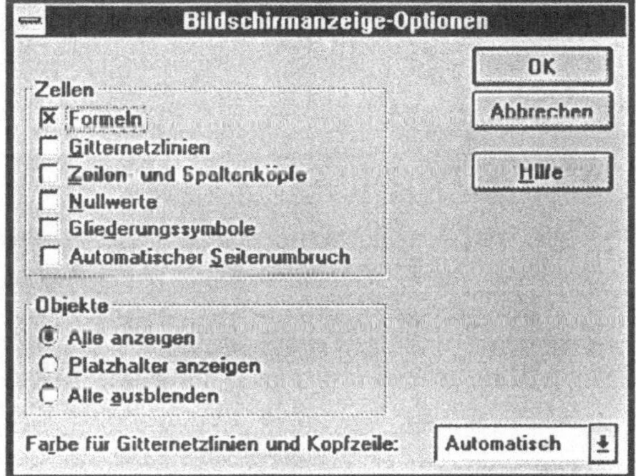

Klicken Sie "*Formeln*" an; das Kästchen ist nun angekreuzt. EXCEL stellt nun die Spalten der Tabelle breiter dar und zeigt die Formeln an. In gleicher Weise gelangen Sie zur gewohnten Wertedarstellung zurück.

Sie können auch zwischen diesen Darstellungsformen schnell umschalten, wenn Sie die Tastenkombination Strg+# (Nummernzeichen) benützen.

	A
1	1
2	2
3	3
4	=SUMME(A1:A3)

Das Info-Fenster zeigt Ihnen eine Fülle von Hintergrunddaten, die Sie sich als Arbeitsunterstützung oder Dokumentation auch ausdrucken lassen können.

Stellen Sie den Cursor auf die gewünschte Zelle oder markieren Sie den zu dokumentierenden Bereich (auch nicht zusammenhängende Zellen). Lassen Sie sich das Info-Fenster (mit *OPTIONEN - Arbeitsbereich ...*, Option Info-Fenster) anzeigen.

Gehen Sie ins Info-Fenster, wählen Sie *INFO ...* und aktivieren Sie dann die gewünschten Details (z. B. Zelle, Formel, Wert, Format usw.). Starten Sie mit *DATEI - Drucken ...* den Ausdruck.

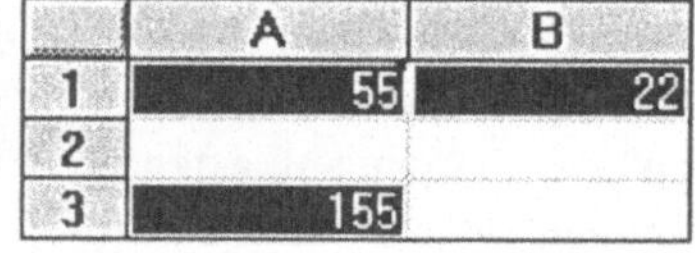

	A	B
1	55	22
2		
3	155	

Zelle: A1
Formel: =B1+C1
Wert: 55
Schutz: Zelle gesperrt
Namen: ZelleA1
Vorrangige: B1:C1
Notiz: Notiz zur Zelle A1

Zelle: B1
Formel: 22
Wert: 22
Schutz: Zelle gesperrt
Namen:
Vorrangige:
Notiz:

Bei dieser Funktion ist die einschränkende Auswahl der im Detail zu zeigenden Zellen sehr wichtig. Zu globales Markieren (z. B. ganze Zeilen oder Spalten) führt zuerst zu einer langen Bearbeitungsdauer durch EXCEL und dann zu einem unbrauchbaren Wust an Druckausgaben. Kontrollieren Sie daher das Ergebnis zuerst unbedingt durch die Funktion "*Seitenansicht*"!

Das Info-Fenster öffnen 35

Hinter dem Zelleninhalt, der angezeigt oder ausgedruckt wird, stecken noch etliche andere Informationen, die EXCEL zwar nicht direkt in der Tabelle darstellt, die für Sie jedoch eine wichtige Orientierung und Hilfe sind.

Laden Sie Ihre Tabelle und wählen Sie *OPTIONEN - Arbeitsbereich* ... Im Dialogfenster "Arbeitsbereich-Optionen" finden Sie im Kasten "Bildschirmanzeige" die Option "*Infofenster*", die Sie anklicken. Auf der Bildschirmarbeitsfläche erscheint ein neues Fenster "**Info**" mit Dateinamen der geladenen Tabelle. Das Info-Fenster läßt sich auch zur Ikone verkleinern; beim ersten Aufruf lädt EXCEL diese Funktion als Zusatz.

Sobald Sie das Info-Fenster anklicken, wechselt EXCEL die Menüleiste. Als **Grundeinstellung** im Info-Fenster werden Zellbezug, Formel und Notiz der aktuellen Zelle ihrer Arbeitstabelle gezeigt.

Das Beispiel unten zeigt Ihnen die Möglichkeiten des Info-Fensters: Die Zelle A1 mit dem Namen "ZelleA1" erhält die Werte zum Berechnen der Formel "B1 + C1" von diesen ("vorrangigen") Zellen und liefert die Grundlage für die Berechnung in der ("nachrangigen") Zelle A3 (= A1 + 100).

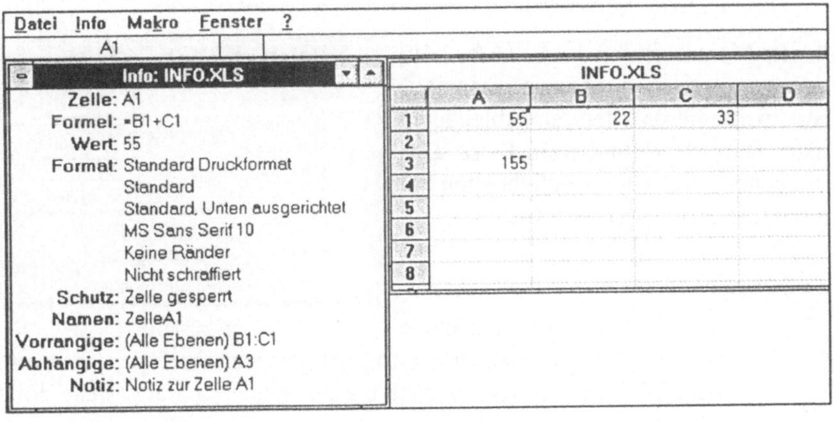

Datei Info Makro Fenster ?

A1

Info: INFO.XLS

Zelle: A1
Formel: =B1+C1
Wert: 55
Format: Standard Druckformat
Standard
Standard, Unten ausgerichtet
MS Sans Serif 10
Keine Ränder
Nicht schraffiert
Schutz: Zelle gesperrt
Namen: ZelleA1
Vorrangige: (Alle Ebenen) B1:C1
Abhängige: (Alle Ebenen) A3
Notiz: Notiz zur Zelle A1

INFO.XLS

	A	B	C	D
1	55	22	33	
2				
3	155			
4				
5				
6				
7				
8				

Sie bearbeiten eine umfangreiche oder komplexe Tabelle und müssen beim Arbeiten oft quer über das Rechenblatt "springen". Dabei reicht Ihnen die Möglichkeit, das Tabellenfenster zu unterteilen, nicht aus.

Sie können sich eine Tabelle in verschiedenen Ausschnitten nebeneinander bei frei wählbarer Fensterform anzeigen lassen. Außerdem können Sie einzelne Fenster ausblenden (siehe dort).

Zum Einrichten der zusätzlichen Fenster wählen Sie *FENSTER - neues Fenster. EXCEL u*nterscheidet die einzelnen Fenster durch Anhängen einer laufenden Nummer an den Tabellennamen, z. B.: TAB1.XLS:**2**.

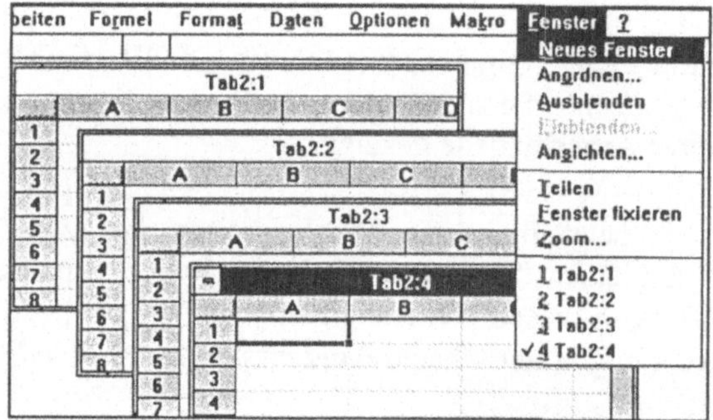

Mit den Menübefehlen *FENSTER - Anordnen* ... erreichen Sie ein automatisches Arrangieren der eingeblendeten Fenster je nach verfügbarem Platz. Das Bild rechts zeigt die Möglichkeiten im Dialogfenster "Fenster anordnen".

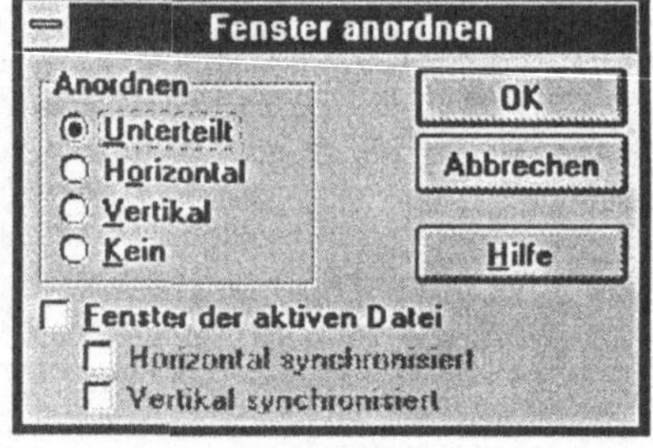

Die Größe der einzelnen Fenster läßt sich unabhängig von den anderen festlegen. In einem dieser Fenster können Sie auch die Formeldarstellung (siehe dort) wählen.

Die Notizen drucken 37

Zu jeder Zelle können Sie beliebig Anmerkungen ablegen; sie lassen sich als Arbeitsunterstützung oder Dokumentation ausdrukken.

Wählen Sie *DATEI - Drucken ...* . Klicken Sie dann im Dialogfenster für das Drucken ganz unten die Option "*Notizen*" oder "*beide*" (nämlich auch die Tabelle) an.

EXCEL stellt beim Ausdruck die Zellbezüge nicht selbsttätig dazu. Daher müssen Sie dafür selber sorgen. Wählen Sie *DATEI - Seite einrichten ...* und im Dialogfenster "Drucken" die Option "*Zeilen- und Spaltenköpfe*".

Sie erhalten dann folgendes Ergebnis.

Zelle: A1
Notiz: Notiz zur Zelle A1

Zelle: B1
Notiz: Notiz zur Zelle B1

Zelle: A3
Notiz: Notiz zur Zelle A3

Zelle: B6
Notiz: Notiz zur Zelle B6

EXCEL druckt nur die Notizen jener Zellen, die im Druckbereich liegen. Dennoch ist eine Kontrolle der Ausgabe mit der Funktion "*Seitenansicht*" empfehlenswert. Siehe auch "Drucken aus dem Info-Fenster".

Sie wollen zur Dokumentation Notizen zum Rechenblatt, zur Vorgangsweise, zu Formeln ablegen, ohne Handzettel zu verwenden. Texteingaben am Rand des Berechnungsbereichs sind auch ungünstig.

Mit der Notizfunktion können Sie freien Text jeder beliebigen Zelle zuordnen und als Teil der Tabelle speichern. Wählen Sie *FORMEL - Notiz ...* Links oben im Dialogfenster "Notiz" zeigt EXCEL die Position der Zelle. Das Auswahlfenster "Notizen in der Tabelle" und das Eingabefenster "Notiz" sind noch leer.

Klicken Sie in das Eingabefenster "*Notiz*" und geben den Text ein. Sie können eine neue Zeile mit [Strg]+[↵] beginnen. Schließen Sie dann die Eingabe mit [↵] ab. Ein roter Punkt rechts oben in der Zelle ist der Hinweis auf die hinterlegte Notiz.

Ein doppeltes Anklicken der jeweiligen Zelle erlaubt Ihnen ein rasches Aufblättern des Fensters "Notiz".

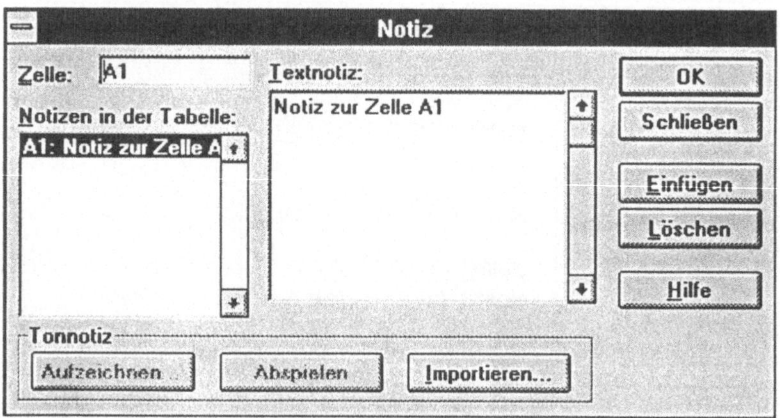

Wenn Sie im Dialogfenster "Notiz" auf "*Einfügen*" klicken, so bestätigen Sie die Eingabe, jedoch ohne das Fenster zu verlassen. Außerdem bleibt der Notiztext stehen, sodaß Sie ihn verändern und in eine andere Zelle übernehmen können.

Sie wollen mehrere Zellen durch einen Notiztext beschreiben, der sich vielleicht nur geringfügig ändert. Für die wiederholte Eingabe möchten Sie die die Möglichkeiten im Dialogfenster "Notiz" nutzen.

Blättern Sie das Fensters "Notiz" durch zweimaliges Anklicken der Zelle auf, die schon den zu kopierenden Text enthält (oder wählen Sie das Menü *FORMEL - Notiz ...*). Klicken Sie in das Fenster "Zelle", sodaß der ganze Inhalt markiert ist.

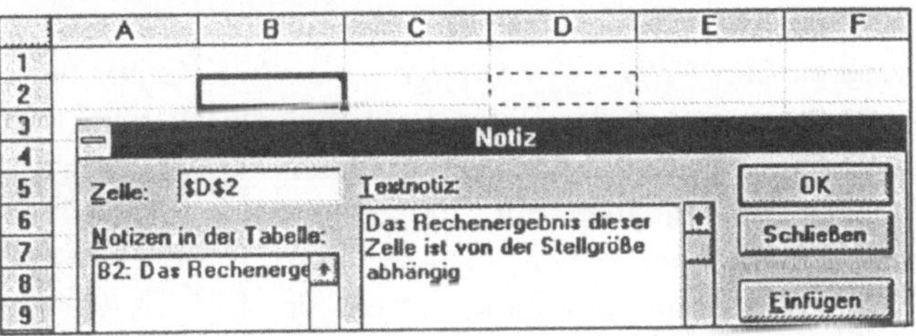

Klicken Sie dann auf die nächste mit einer Notiz zu versehende Zelle in der Tabelle. Dort erscheint der "wandernde" Rand. EXCEL trägt im Eingabefeld "Zelle" selbsttätig den Bezug der Zelle in absoluter Schreibweise ("$") ein. Im Eingabefenster "Textnotiz" ist der Notiztext unverändert stehengeblieben, sodaß Sie ihn nur noch anpassen müssen. Nachdem Sie mit "*Einfügen*" bestätigt haben, ist auch diese Zelle mit dem roten Punkt gekennzeichnet.

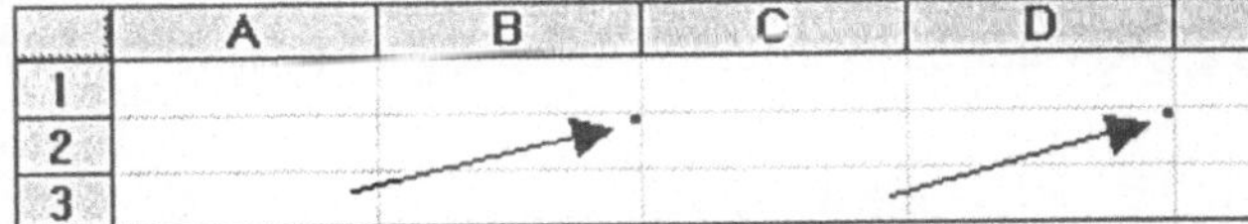

Mit der Funktion *BEARBEITEN - Inhalte einfügen ... Notizen* lassen sich Notzien auch über die Zwischenablage von einer Tabelle in eine andere kopieren. Zum Verändern des kopierten Textes müssen Sie dann das Dialogfenster "Notiz" aufschlagen.

Eine Notiz zu einer Zellengruppe kann nicht erfaßt werden. EXCEL gibt die Fehlermeldung **"Bezug muß einzelnes Feld in der gegenwärtig aktiven Tabelle betreffen."** aus.

Sie haben in Ihrem Rechenblatt in mehrere Zellen Formeln eingegeben und wollen sich einen Überblick verschaffen, in welcher Weise die Berechnungen voneinander abhängig sind.

Das Info-Fenster bietet Ihnen mit den Anzeigeoptionen "Vorrangige ..." und "Abhängige ..." ein Instrument, diese Abhängigkeitsketten aufzeigen zu lassen. Laden Sie die zu untersuchende Tabelle und aktivieren Sie auch das Info-Fenster.

Wählen Sie *INFO - Vorrangige ... - alle Ebenen*. Jede Zelle enthält die Information, woher die Daten kommen, die zu einem Rechenergebnis in der jeweiligen Zelle führen. Diese Datenquellen heißen hier mit "vorrangig". Klicken Sie ebenso *INFO - Abhängige ... - alle Ebenen* an. Damit sehen Sie, wohin der Einfluß des Inhalts einer Zelle reicht. Die beeinflußten Ziel-Zellen sind hier als "Abhängige" bezeichnet.

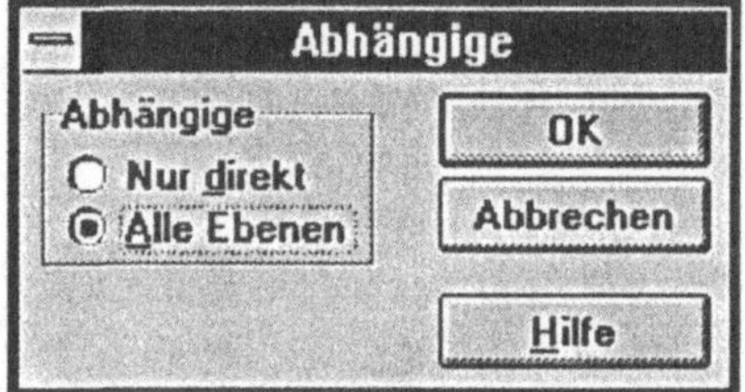

Das Beispiel zeigt eine Addition der Zellen A8 und A9 und eine anschließende Multiplikation in A12; das Bild rechts listet die Abhängigkeiten auf.

	A
8	888
9	999
10	1887
11	
12	377,4

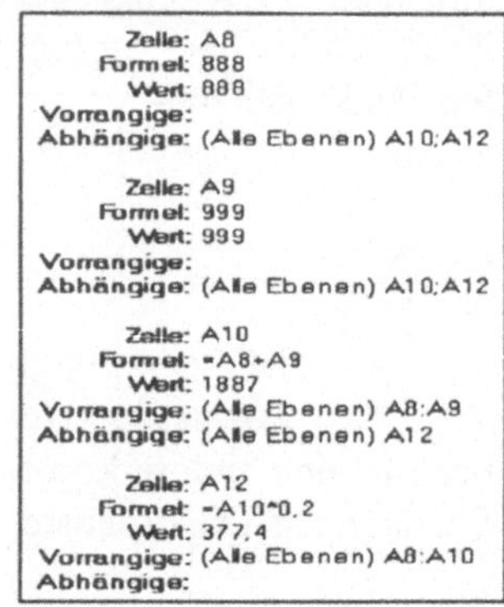

Zelle: A8
Formel: 888
Wert: 888
Vorrangige:
Abhängige: (Alle Ebenen) A10;A12

Zelle: A9
Formel: 999
Wert: 999
Vorrangige:
Abhängige: (Alle Ebenen) A10;A12

Zelle: A10
Formel: =A8+A9
Wert: 1887
Vorrangige: (Alle Ebenen) A8:A9
Abhängige: (Alle Ebenen) A12

Zelle: A12
Formel: =A10*0,2
Wert: 377,4
Vorrangige: (Alle Ebenen) A8:A10
Abhängige:

Klicken Sie doppelt auf die Zelle, deren Inhalt von anderen abhängig ist und der Cursor springt entlang der Verkettung auf die vorrangigen Zellen, bis er am Beginn dieser Kette angelangt ist. Ist das Ergebnis in einer Zelle von einem ganzen Bereich abhängig (z. B. bei einer Summe), so wird dieser gänzlich markiert.

Druckbereich und -titel änderen 41

In der Grundeinstellung druckt EXCEL das gesamte Rechenblatt bis zu jener Zeile und Spalte, in der noch eine Zelle mit einem Inhalt ist. Mit den Menüpunkten *OPTIONEN - Drucktitel* und *Druckbereich* könnten Sie Titelleiste und Umfang des Ausdrucks durch Markieren einstellen. Es ist aber auch möglich, diese Einstellungen durch Eingabe der Bezüge vorzunehmen.

Wählen Sie *FORMEL - Namen festlegen ....* Im Auswahlbereich "Namen in Tabelle" des Dialogfensters können bereits die (reservierten) Namen "Druckbereich" und "Drucktitel" vorhanden sein; wenn nicht, dann müssen Sie sie als neue Namen eingeben.

"**Drucktitel**" bestimmt, welche Zeilen oder Spalten als Tabellenkopf oder seitliche Leiste auf jeder Druckseite erscheinen soll; "**Druckbereich**" bestimmt, welche Zellen zu drucken sind. Zeilen oder Spalten, die in beiden Bereichen enthalten sind, werden doppelt gedruckt. Sobald Sie einen Druckbereich festgelegt haben, so erscheint dieser Bereich durch eine strichlierte, durchgehende Linie eingegrenzt (die allerdings durch Rahmenformatierungen überdeckt werden kann).

Im Beispiel hier sind die Spalten A und B sowie die Zeilen 1 und 2 als Drucktitel (Bezugsangabe: $A:$B;$1:$2) und die Zellen C3 bis D6 als Druckbereich (Bezugsangabe: $C$3:$D$6) definiert.

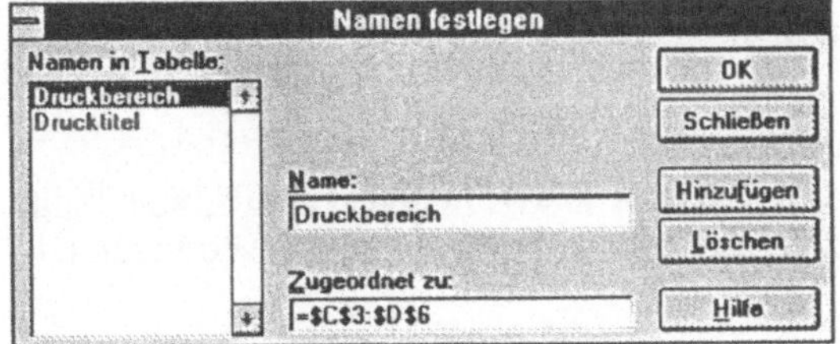

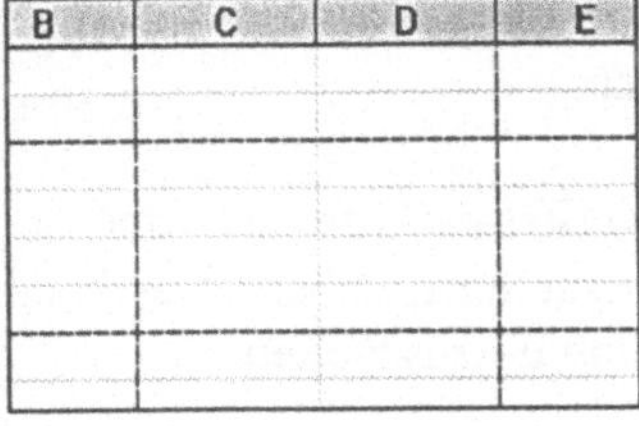

Entfernen Sie diese Namenszuordnungen wie gewohnt durch Anklicken des Funktionsknopfs *Löschen* im Dialogfenster "Namen festlegen".

EXCEL läßt Ihnen die Wahl zwischen einer Werte- und einer Formeldarstellung einer Tabelle (egal, ob Kalkulationsblatt oder Makrovorlage). Im Zuge einer Entwicklungsarbeit wollen Sie die in der Tabelle enthaltenen Formeln ausdrucken lassen.

Mit der Tastenkombination [Strg] + [#] können Sie schnell zwischen diesen Darstellungen umschalten. EXCEL druckt stets die Anzeigevariante, die auf dem Bildschirm zu sehen ist. In der Formeldarstellung wird die Spaltenbreite erhöht, um mehr Text anzeigen zu können. Daher wird die Tabelle je nach Größe auf mehrere nebeneinanderliegende Seiten verteilt.

Die **Grundeinstellung** für eine Tabelle ist die Wertedarstellung; für eine Makrovorlage die Formeldarstellung.

EXCEL verbreitert die Spalten automatisch, ohne daß dadurch Ihre gewählte Einstellung verändert wird. Dies kann jedoch für umfangreichere Formeln zu wenig sein, sodaß Sie nur den Anfang sehen. Lassen Sie sich die Tabelle in der Formeldarstellung zur Übersicht ausdrucken und mit Hilfe des Info-Fensters (siehe dort) gezielt die Zellen, die Sie detailliert betrachten wollen.

Jede Tabelle läßt sich in mehreren Fenstern darstellen (siehe dort), sodaß Sie auch beide Ansichten gleichzeitig am Bildschirm haben können. Beim Abspeichern bleibt die Information über die zuletzt gewählte Darstellung erhalten.

Makrovorlagen werden stets im ersten Fenster in der Formeldarstellung ausgeführt; daher ist es handlicher, das zweite Fenster auf die Wertedarstellung umzuschalten.

Ihre Tabelle ist zweigeteilt: Ein Tabellentitel mit einleitendem Text steht am Beginn, gefolgt vom Datenteil über mehrere Seiten hinweg. Die Spalten sollen mit einer Kopfleiste übertitelt sein, auf der ersten Seite jedoch erst nach dem einleitenden Text.

Bauen Sie Ihre Tabelle so auf, wie es unten das Bild gezeigt. Geben Sie die erwünschten Spaltentitel sowohl in der ersten Zeile als auch in die Zeile nach dem einleitenden Text ein (unten Zeile 4).

Markieren Sie die Zeile 1 und stufen Sie sie hinunter (⇥ in der Symbolleiste "Werkzeuge"). Bestimmen Sie durch Wählen der Menüpunkte *OPTIONEN - Drucktitel* die Zeile 1 (und ggf. auch die Spalte A) als Drucktitel. Schließlich legen Sie noch den Druckbereich fest (*OPTIONEN - Druckbereich*).

Beim Ausdrucken gehen Sie in zwei Schritten vor: Blenden Sie die Zeile 1 aus, indem Sie auf das [-] - Symbol links neben den Zeilenköpfen klicken. Rufen Sie nun das Dialofgenster "Drucken" mit *DATEI - Drucken* ... auf und drucken Sie die Seite 1. Dann lassen Sie sich die Zeile 1 wieder anzeigen, indem Sie auf das [+] - Symbol klicken und drucken alles ab der Seite 2.

	A	B	C	D	E	F
1		Spalten-titel B	Spalten-titel C	Spalten-titel D	Spalten-titel E	
2		ÜBERSCHRIFT				
3		Listenkopf mit vorlaufendem Text zur Erläuterung usw. ..				
4		Spalten-titel B	Spalten-titel C	Spalten-titel D	Spalten-titel E	
5	Daten 1	B1			E1	
6	Daten 2	B2			E2	
7	Daten 3	B3			E3	

Benützen Sie *DATEI - Seitenansicht* zur Ergebniskontrolle (zurück zur Tabelle mit *Schließen*).

44 Diagramm: Achsen u. Skalierung änderen (1)

Sie haben ein Diagramm erstellt und wollen nachträglich einzelne Einstellungen ändern. Position und Skalierung der Achsen mehrerer Diagramme sind aufeinander abzustimmen.

Klicken Sie doppelt auf die Diagrammfläche, um in das Diagrammfenster zu wechseln. EXCEL zeigt die Menüleiste für Diagramme (Kenn-Nummer 2) an. Klicken Sie auf die zu verändernde Achse im Diagrammfenster und wählen Sie *FORMAT - Muster* ... . Es erscheint das Dialogfenster "Muster" (ein doppeltes Anklicken führt direkt in dieses Dialofenster).

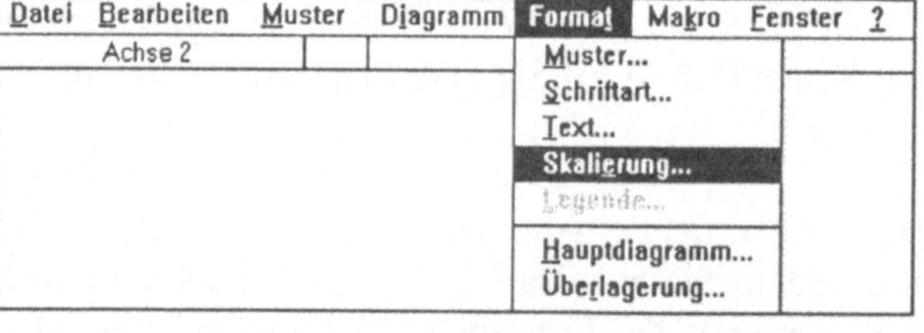

Das Bild unten zeigt die Einstellmöglichkeiten. Die Funktionsknöpfe "Schriftart", Text ..." und "Skalierung ..." leiten zu jenen Dialogfenstern über, die auch direkt vom Menü *FORMAT* aus erreichbar sind.

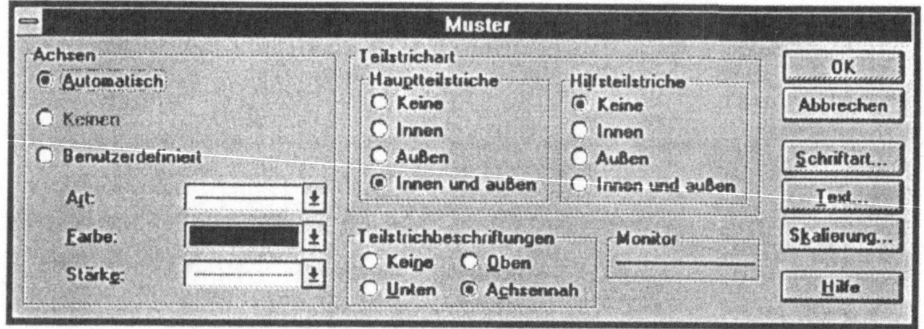

Als **Rubrikenachse** wird die waagrechte X-Achse bezeichnet, als **Größenachse** die senkrechte Y-Achse.

Klicken Sie im Diagrammfenster auf die X-Achse und wählen *DIAGRAMM - Skalierung ...* . Es öffnet sich das Dialogfenster "Achsenskalierung"; der Bezug auf die X-Achse ("Rubrikenachse") ist durch das Anklicken hergestellt. Das nachfolgende Bild zeigt die Einstellungsmöglichkeiten.

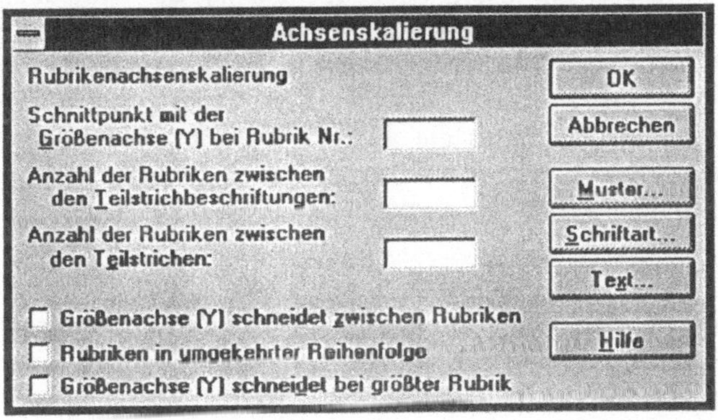

Achsenskalierung
Rubrikenachsenskalierung
Schnittpunkt mit der Größenachse (Y) bei Rubrik Nr.:
Anzahl der Rubriken zwischen den Teilstrichbeschriftungen:
Anzahl der Rubriken zwischen den Teilstrichen:
Größenachse (Y) schneidet zwischen Rubriken
Rubriken in umgekehrter Reihenfolge
Größenachse (Y) schneidet bei größter Rubrik
OK
Abbrechen
Muster...
Schriftart...
Text...
Hilfe

Klicken Sie im Diagrammfenster auf die Y-Achse und wählen *DIAGRAMM - Skalierung ...* . Die individuellen Einstellungsmöglichkeiten zeigt das folgende Bild. So übersteuert z. B. die Vorgabe von "Kleinstwert" und "Höchstwert" die automatische Anpassung aller Kurvenverläufe des Diagramms an den größten vorkommenden Y-Wert. Damit lassen sich einzelne Diagramme aufeinander abstimmen.

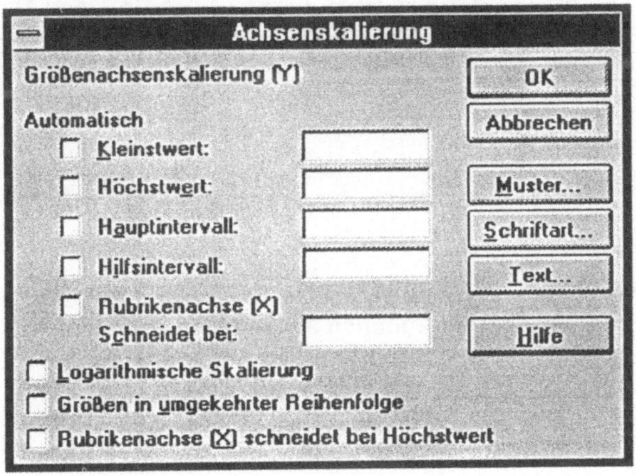

Achsenskalierung
Größenachsenskalierung (Y)
Automatisch
Kleinstwert:
Höchstwert:
Hauptintervall:
Hilfsintervall:
Rubrikenachse (X) Schneidet bei:
Logarithmische Skalierung
Größen in umgekehrter Reihenfolge
Rubrikenachse (X) schneidet bei Höchstwert
OK
Abbrechen
Muster...
Schriftart...
Text...
Hilfe

Sie haben ein Diagramm erstellt und wollen einzelne Punkte durch eine besondere Beschriftung, sei es ein Wert oder ein Text, hervorheben.

Wechseln Sie in die Vollbilddarstellung des Diagramms, klicken Sie auf den auszuzeichnenden Punkt einer Kurve, und wählen Sie *DIAGRAMM - Text zuordnen ...*. Im Dialogfenster "Text zuordnen" (Bild unten), Option "*Datenreihe*", hat EXCEL neben "*Datenreihennummer*" bereits die aktuelle Nummer eingetragen. Darunter geben Sie die "*Datenpunktnummer*" ein, wobei 1 der erste Datenpunkt ganz links ist. Nach dem Bestätigen erscheint der Wert dieses Punktes in der Graphik.

Jetzt können Sie den Wert durch einen individuellen Text ergänzen oder überhaupt ersetzen. Klicken Sie die Bearbeitungszeile an und geben Sie den gewünschten Text wie in die Zelle eines Rechenblattes ein.

Wenn Sie die Beschriftung wieder **löschen** wollen, dann klicken Sie den Text im Diagramm an, markieren den Text in der Bearbeitungszeile gänzlich, entfernen ihn mit Entf und bestätigen mit ↵.

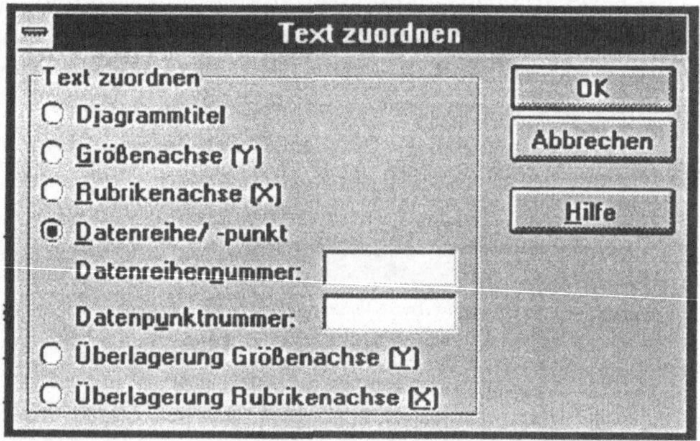

Die beiden letzten Optionen oben sind nur bei sogenannten Überlagerungsdiagrammen zugänglich.

Diagramm: Eine neue Reihe hinzufügen 47

Sie haben ein Diagramm erstellt und wollen eine weitere Datenreihe in das Diagramm aufnehmen. Sie wollen jedoch nicht ein neues Diagramm aufbauen, da sonst die gesamte bisherige Gestaltung der Graphik verlorengeht.

Laden Sie die Tabelle mit dem zu erweiternden Diagramm und jene, die die hinzuzufügende Datenreihe enthält. Markieren Sie die Datenreihe und kopieren Sie sie in die Zwischenablage (Strg + Einfg). Wechseln Sie in die Tabelle mit dem Diagramm und klicken Sie es zweimal an, sodaß es als eigenes Fenster gezeigt wird. Fügen Sie nun die neue Datenreihe aus der Zwischenablage mit ⇧ + Einfg ein. Excel erweitert das Diagramm selbsttätig.

Ein **anderer Zugang**: Aktivieren Sie das Diagrammfenster wie oben und wählen Sie dann *DIAGRAMM - Datenreihen bearbeiten ...* . Im gleichnamigen Dialogfenster können Sie alle Parameter der Funktion DATENREIHE() direkt bearbeiten. Wählen Sie im Fenster "Reihe:" "**Neue Reihe**" und füllen Sie die vier Eingabefelder durch Anklicken und Markieren der Zellbereiche in der Quelltabelle.

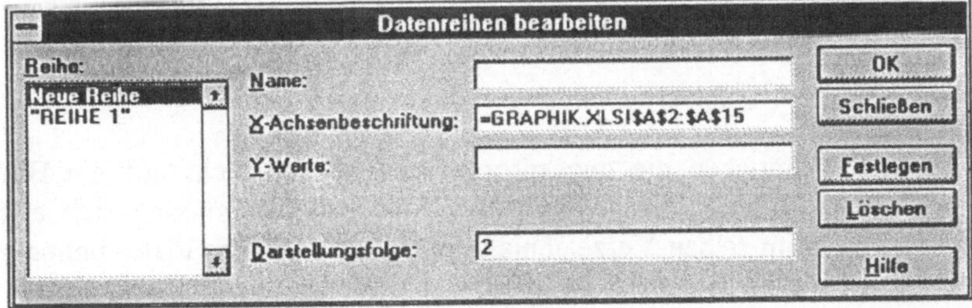

Ein Widerrufen der Funktion Löschen ist unmöglich! Die einzelnen Datenreihen können in verschiedenen Tabellen sein. Im Feld "Name" können Sie anstelle eines Bezugs auch eine beliebige Bezeichnung eingeben (Form: ="Bezeichnung").

Siehe auch die Rezepte 52 und 81.

Sie lassen Daten in mehreren Tabellen getrennt berechnen und möchten die Ergebnisreihen gemeinsam in einem Diagramm darstellen.

Sie haben zwei Möglichkeiten, um dieses Ziel zu erreichen: (1) Sie erstellen eine zusätzliche Tabelle, die alle externen Bezüge enthält. Die Verknüpfung der Daten und ihre Darstellung im Diagramm erfolgt in der Zusatztabelle. Der Vorteil des Zwischenschrittes liegt darin, daß Sie mit den von außen geholten Werten auch rechnen und sie gemeinsam ausdrucken können.

(2) Sie nehmen in ein bestehendes Diagramm **externe Bezüge** auf. So könnten die Y-Werte der einzelnen Kurven aus verschiedenen Tabellen stammen; z. B. Y-Werte für Kurve 1: =GRAPHIK.XLS!$B$2:$B$15; Y-Werte für Kurve 2: =C:\anderswo\DATEN.XLS!$X$32:$X$45; Y-Werte für Kurve 3: =D:\dadrüben\MUSTER.XLS!$R$2:$AE$2.

In diesem Beispiel werden die Daten direkt in der Graphik zusammengeführt. (Benennung und Reihenfolge sind frei bestimmbar, siehe oben). Diese Vorgangsweise ist z. B. dann vorteilhaft, wenn Sie Datenreihen ohne weitere Veränderung oder Berechnung gegenüberstellen wollen.

Sie brauchen die angesprochenen Tabellen nicht auf die Bildschirm-Arbeitsfläche zu laden. Die Tabellen müssen sich auch nicht im selben Verzeichnis oder auf der gleichen Platte befinden. In diesen Fällen ist es allerdings erforderlich, daß Sie den vollständigen Pfad, durch " ' " (Apostroph) eingegrenzt, angeben!

Sie haben ein Diagramm (oder eine andere Graphik) in Ihre Tabelle einbezogen und wollen es wahlweise gemeinsam mit den Daten oder alleine ausdrucken lassen.

Sie können mehrere Möglichkeiten nutzen: (1) Sie wechseln nach dem Laden der Tabelle durch zweimaliges Anklicken in das Diagrammfenster, und wählen wie gewohnt *DRUCKEN* - ....

(2) Sie legen unter der letzten Datenzeile oder rechts neben der letzten Spalte einen **Seitenumbruch** fest (mit *OPTIONEN - Seitenwechsel festlegen*) und arrangieren die Diagramme so, wie sie auf dem Papier erscheinen sollen.

Das Positionieren des Diagramms neben der Tabelle hat den Vorteil, daß die Tabelle selber bei Bedarf unbehindert nach unten weiterwachsen kann (z. B. bei einem definierten Datenbankbereich).

Der Vorteil der zweiten Vorgangsweise gegenüber der ersten liegt darin, daß Sie eine Seite mit mehreren Diagrammen gestalten können.

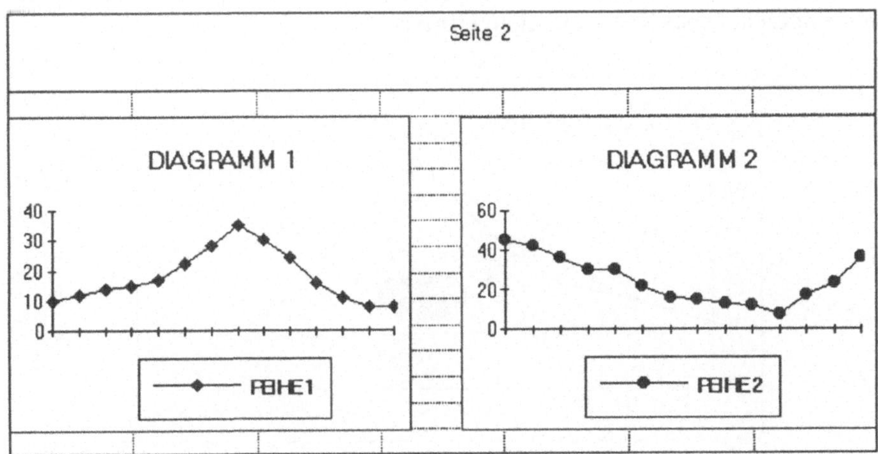

Ihre Tabelle enthält Detaildaten und eine Summenspalte. Für eine Präsentation wollen Sie in einem Diagramm die Summen darstellen. Sie greifen einen Wert heraus und zeigen seine Summanden in einem zweiten Diagramm. Das zweite Diagramm soll in das erste einbezogen werden.

Sie erzeugen aus den vorliegenden Datenreihen zwei Diagramme, ein Linien- und ein Kreisdiagramm, gestalten sie und legen beide auf dem Rechenblatt ab.

Jetzt gehen Sie zum Kreisdiagramm, ergreifen einen der Eckpunkte mit dem Cursor und bringen dadurch das gesamte Diagramm auf die passende Größe. Dann stellen Sie es "durchsichtig" dar mit: *FORMAT - Muster ...* - Ausfüllen *unsichtbar* (wie auf einer Folie).

Zeigen Sie mit dem Cursor auf den Rand des Kreisdiagramms (das Schweizerkreuz wird zum Pfeil) und verschieben Sie es ins Liniendiagramm. Jetzt entfernen Sie noch den Rahmen vom Kreisdiagramm mit: *FORMAT - Muster ... . ohne Rahmen ... durchsichtig ...* . Hier ist das Ergebnis: Die Zusammensetzung des Maximalwerts (höchster Punkt) wird zusätzlich durch ein eingeschobenes Kreisdiagramm erörtert.

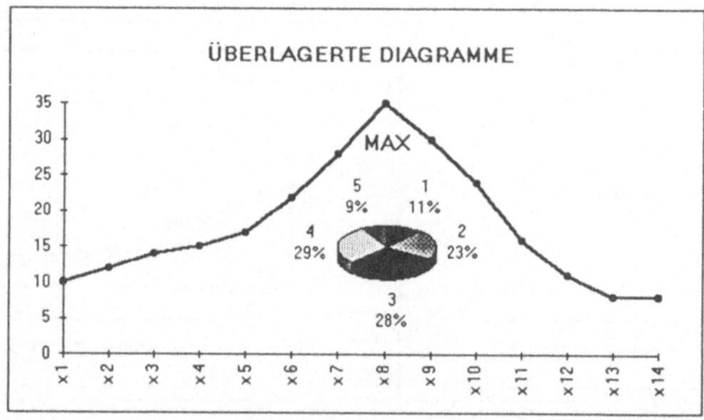

Verändern Sie die Größe eines Graphikelements entlang einer Diagonale, so bleiben die Proportionen erhalten ("Strahlensatz").

Sie wollen Werte aus einer Tabelle durch ein Diagramm graphisch umsetzen und sich dabei von EXCEL führen lassen.

EXCEL 4 erhielt eine völlig neue graphische Führung, die den Anwender beim Erstellen von Diagrammen in fünf Schritten unterstützt. Die grundlegenden Funktionen sind im Vergleich zur Version 3 fast gleich. Markieren Sie die darzustellenden Daten, und holen Sie sich die Symbolleiste "Diagramm" mit *OPTIONEN - Symbolleisten ...* auf den Bildschirm.

Klicken Sie auf das Symbol des Diagrammassistenten. Der Cursor wird zum +, mit dem Sie den Rahmen für das entstehende Diagramm an einem beliebigen Platz aufspannen können. Sobald Sie die Maustaste loslassen, erscheint das erste Dialogfenster des Diagrammassistenten.

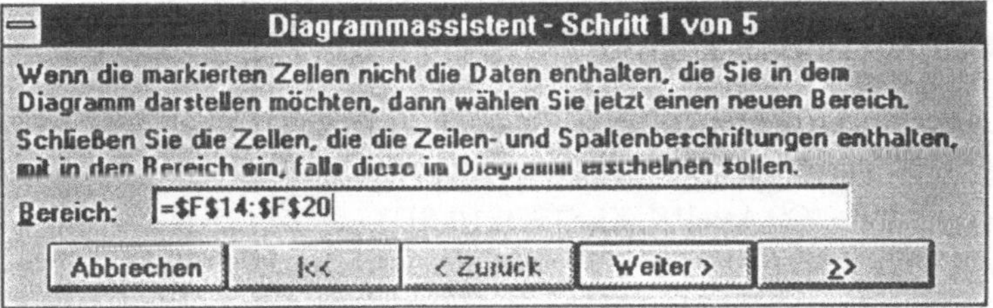

Ab da führt EXCEL Sie in insgesamt fünf Schritten durch die gesamte Diagrammerstellung. Alle Einstellungen, für die Sie sich dabei entschieden haben, lassen sich nachträglich noch gezielt verändern.

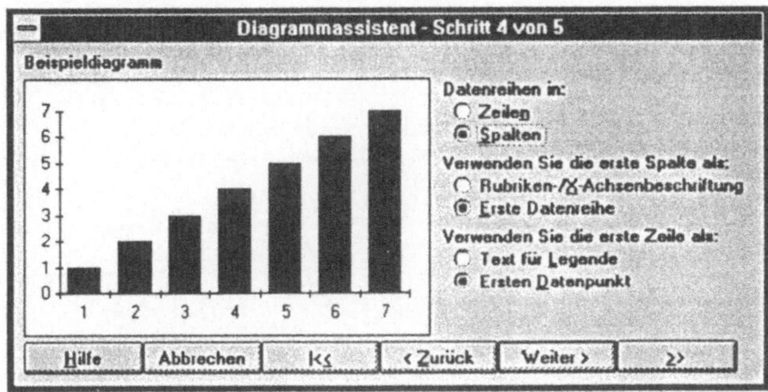

Die haben ein Diagramm aufgebaut und wollen Änderungen vornehmen, ohne jedoch alles neu aufbauen zu müssen.

Laden Sie die Tabelle mit dem Diagramm, und wechseln Sie in die Vollbilddarstellung. Klicken Sie die zu verändernde Kurve an. In der Befehlszeile erscheint die Formel "=DATENREIHE(...)".

=DATENREIHE(GRAPHIK.XLS!$B$1;GRAPHIK.XLS!$A$2:$A$15; GRAPHIK.XLS!$B$2:$B$15;1)
DIAGRAMMFORMEL

Sie wollen z. B. von einer Reihe nur die ersten zehn statt aller Werte graphisch anzeigen lassen. Ändern Sie den dritten Parameter in der Formel ab; aus dem ursprünglichen "GRAPHIK.XLS! $D$2:$D$15" wird "... D**11**". Nach dem Bestätigen hört diese Kurve früher auf. Analog bewirkt eine Änderung auf "GRAPHIK.XLS!$D$2:D**21**", daß rechts noch weitere Werte aus der Spalte D gezeigt werden. Sind die Zellen D16 bis D21 in der der Graphik zugrundeliegenden Tabelle GRAPHIK.xls leer, so stellt die Kurve Null-Werte dar. "GRAPHIK.XLS!D**10**:$D$15" läßt diese Reihe erst mit ihrem neunten Wert beginnen und zeigt insgesamt sechs Punkte.

Ebenso können Sie durch Verändern des vierten Parameters die Reihenfolge der Kurven vorgeben. Weisen Sie einer Reihe einen bestimmten Rang zu, z. B. von 3 auf 1, und EXCEL arrangiert die übrigen und aktualisiert das Diagramm sofort.

Die Inhalte der Tabelle GRAPHIK.xls bleiben bei all diesen Umstellungen unverändert!

Um den Inhalt bestimmter Zellen besonders hervorzuheben, möchten Sie diesen Teil der Tabelle als Graphik-Element gestalten und z. B. auf ein Diagramm legen. Änderungen im Zellinhalt sollen sich auch im Graphik-Element sofort auswirken.

Die WINDOWS-Technologie ermöglicht noch eine spezielle Graphik-Funktion in EXCEL; die Kamera. Markieren Sie die zu "photographierenden" Zellen und klicken Sie den Photoapparat an (*OPTIONEN - Symbolleisten ... Werkzeug - Einblenden*, ganz rechts). Der Cursor wird zu einem +

Klicken Sie jetzt auf die Ziel-Zelle. EXCEL fügt dort eine 1:1 Kopie des Tabellenteils ein. Die Kopie liegt nun als Graphikelement auf der Tabelle. Es hat einen Rahmen mit "Henkeln" (das sind die acht Punkte auf dem Rahmen, mit denen sich das gesamte Bild in seiner Größe verändern läßt).

Bild 4 | =$B$2:$D$4

	E	F	G	H
22				
23		10	45	4
24		12	42	8
25		14	36	10
26				

Das Graphik-Objekt ist mit einer Formel verbunden, die den gezeigten Bereich angibt. Klicken Sie auf das Objekt. In der Bearbeitungszeile erscheint die dazugehörige Formel, z. B. "=$B$2:$D$4" (siehe Bild unten). Diese Formel läßt sich frei verändern. Eine Änderung auf z. B. "=$C$2:$D$6" zeigt die Inhalte aus B nicht mehr, dafür von C und D auch die Zeilen fünf und sechs.

Sie haben ein Diagramm erstellt; für die Wiedergabe auf einem nicht farbtauglichen Bildschirm oder Datenanzeigegerät müssen Sie die von EXCEL getroffenen Standardeinstellungen verändern.

Wechseln Sie ins Diagrammfenster (Diagramm im Rechenblatt zweimal anklicken) und klicken Sie dann die zu verändernde Datenreihe (d. h. einen Punkt daraus) wieder doppelt an. EXCEL öffnet das Dialogfenster "Muster", in dem Sie Veränderungen vornehmen können; z. B. Strichstärke und -farbe, Symbol für den Datenpunkt usw..

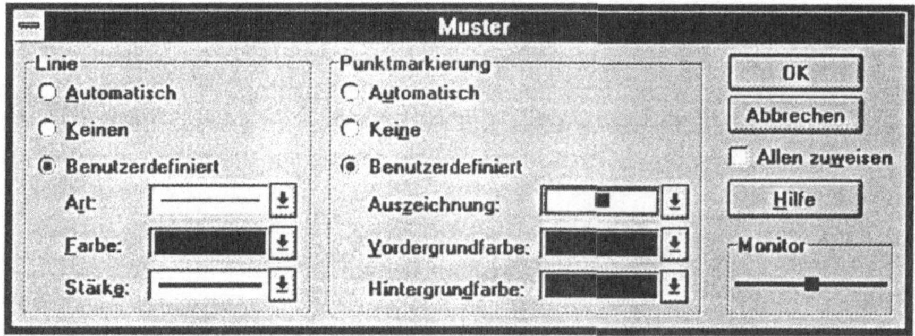

Sollen Datenreihen vom PC weg über ein Data-Display für Overhead-Projektoren präsentiert werden und kann man sich erst kurz vor dem Vortrag von der Wiedergabequalität des Geräts überzeugen, so ist eine "sichere" Voreinstellung empfehlenswert: keine Farben, nur schwarz und kräftigere Grauwerte verwenden; bei Flächen Schraffuren einsetzen; Datenpunkte mit gut unterscheidbaren Symbolen markieren.

Ihr Rechenblatt enthält mehrere Datenreihen, wobei die Werte von einer Reihe um mehrere Zehnerpotenzen größer oder kleiner ist als die der übrigen. Bei der Diagrammerstellung orientiert sich EXCEL am kleinsten und größten Wert (Skalierung): dadurch verzerrt sich das gesamte Bild. Sie benötigen ein Diagramm, das beide Größenordnungen gemeinsam darstellt.

Erstellen Sie ein Diagramm mit allen Datenreihen wie gewohnt. Es erscheint z. B. ein Säulendiagramm (Standard), das Lücken (das sind die kleinen Werte) hat. Wechseln Sie dann zum Diagrammfenster und wählen Sie *DIAGRAMM - Überlagerung einfügen*. Auf der X-Achse (waagrecht) erscheinen nun Punkte, die von der Datenreihe der kleinen Werte herrühren.

Klicken Sie jetzt *FORMAT - Überlagerung ...* an. Es erscheint ein Dialogfenster "Diagramm Optionen", in dem Sie die Gestalt der zu überlagernden Kurve bestimmen können. Unter Reihenverteilung wählen Sie "Erste überlagernde Datenreihe" und tragen rechts daneben die Nummer der kleinen Datenreihe ein (wenn nicht schon vorgeschlagen). Anschließend können Sie das Diagramm wie gewohnt beschriften.

Entfernen Sie die Überlagerung durch die Anweisungen *DIAGRAMM - Überlagerung löschen*.

Begriffe: "Hauptdiagramm" = herkömmliche Darstellung; "Überlagerungsdiagramm" = Darstellung der kleinen Werte. Pro Diagramm kann nur einmal überlagert werden.

Die graphischen Darstellungen von Hauptdiagramm und Überlagerung lassen sich beliebig mischen. Wählen Sie die Darstellungsart in *FORMAT - Hauptdiagramm ... - Hauptdiagrammart / Überlagerung* aus - das Dialogfenster "Diagramm-Optionen" zeigt die Möglichkeiten.

Sie haben gleich strukturierte Daten in verschiedenen Tabellen (oder -bereichen) gespeichert und wollen diese durch eine Rechenvorschrift in einer Tabelle verdichten ("konsolidieren").

Laden Sie alle Tabellen, deren Daten Sie konsolidieren wollen (Quellbereiche) und dazu eine weitere Tabelle, die das Ergebnis aufnehmen soll (Zielbereich). Bleiben Sie in der Ziel-Tabelle und markieren Sie die linke obere Zelle des Zielbereichs. Wählen Sie *DATEN - Konsolidieren* ... und klicken Sie im Dialogfenster "Konsolidieren" das Eingabefeld "Ursprung" an.

Wechseln Sie der Reihe nach zu den einzelnen Quell-Tabellen und markieren dort jeweils die Quellbereiche. Im Eingabefeld "Ursprung" erscheint die aktuelle Positionsangabe als externer Bezug in absoluter Schreibweise. Bestätigen Sie immer mit *"Hinzufügen"*. Dieser Eintrag steht auch im Fenster "Ursprungsbezüge".

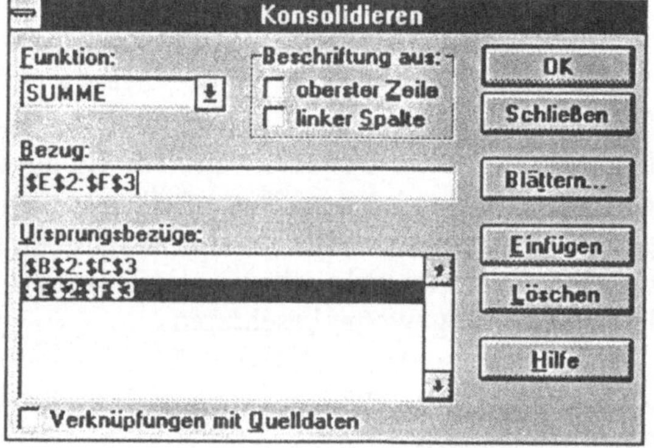

Bestätigen Sie mit *OK* und EXCEL fügt die berechneten Ergebnisse aus den Quell-Tabellen in den zuerst markierten Zielbereich ein (Standardeinstellung für die Berechnung ist SUMME). Texte werden nur übernommen, wenn Sie die Optionen im Kästchen "Beschriftung aus" wählen. Dann allerdings verknüpft EXCEL nur Daten aus Zellen mit gleichnamiger Beschriftung!

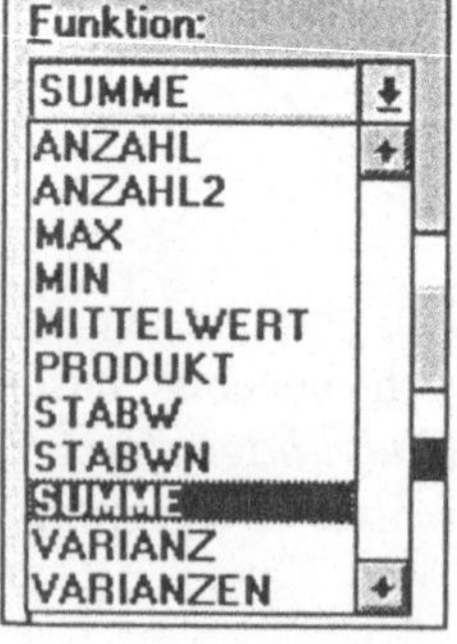

Das Beispiel unten zeigt, wie zwei Bereiche der Tabelle KONSOLI2.xls über die Rechenvorschrift SUMME in die Tabelle KONSOLI1.xls zusammengeführt wurden. Dabei ist die Option "Verknüpfungen mit Quelldaten" aktiviert.

Tabellen konsolidieren (2) 57

Das weist EXCEL an, in der Zieltabelle (externe) Bezüge auf die Daten der Quellbereiche einzutragen und die verlangte Rechenfunktion damit durchzuführen. Im Bild ist auch erkennbar, daß die die externen Bezüge enthaltenden Zeilen hinuntergestuft und ausgeblendet sind.

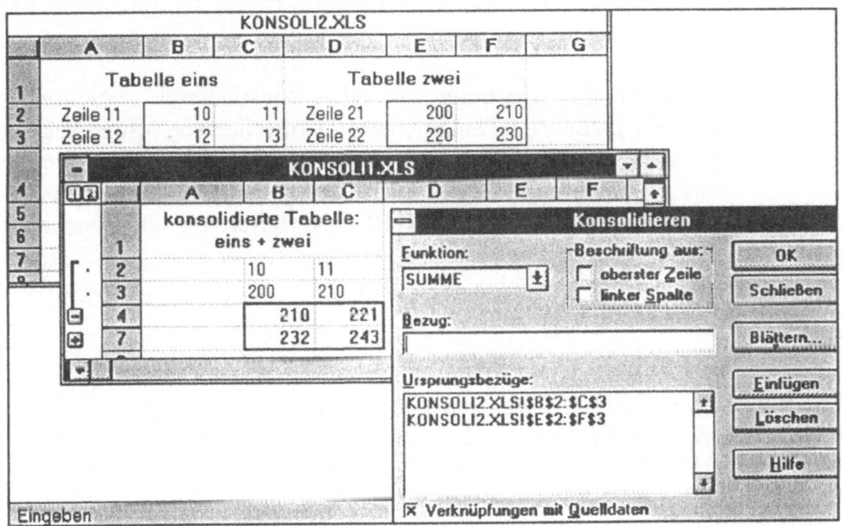

Vergeben Sie für die zusammenzuführenden Quellbereiche **Namen**. Dies bietet die größte Freiheit von festen Positionen und zudem auch die Gewähr, daß genau die dem Namen zugeordneten Zellen konsolidiert werden.

Es ist stets ein gemeinsames Kennzeichen erforderlich, anhand dessen EXCEL die Detaildaten nach der Rechenvorschrift zusammenführen kann. Sie können im Zielbereich die Platzhalterzeichen "?" (für ein Zeichen) und "*" (für alle restlichen Zeichen) verwenden.

Bei den externen Bezügen (jene Referenzen also, die auf andere Tabellen verweisen) können auch die oben genannten Platzhalterzeichen ("?","*") im Tabellennamen verwendet werden. Auch <u>innerhalb</u> eines Rechenblattes läßt sich eine Konsolidierung durchführen.

Sie haben gleich strukturierte Daten in verschiedenen Tabellen oder Tabellenbereichen gespeichert und wollen diese durch eine Rechenvorschrift in einem Rechenblatt vereinigen ("konsolidieren"). Alle künftigen Änderungen in den Quell-Tabellen sollen sich automatisch auf den Bereich der konsolidierten Daten auswirken.

Verfahren Sie wie unter "Tabellen konsolidieren" beschrieben. Ehe Sie jedoch im Dialogfenster "Konsolidieren" Ihre Angaben bestätigen, wählen Sie noch die Option "*Quelldatei verknüpfen*". Das Ergebnis in der Ziel-Tabelle sind jetzt mehr Zeilen als beim einfachen Konsolidieren. Jedoch zeigt EXCEL durch ein entsprechendes Hinunterstufen nur die Ergebniszeilen an. Den Zellen der gezeigten Zeilen ist eine Formel je nach der gewählten Berechnungsvorschrift hinterlegt: z. B. in der Zelle B4: "=SUMME(B2:B3)".

1 2		B	C
·	2	='C:\VIEWEG\KONSOLI2.XLS'!$B$2	='C:\VIEWEG\KONSOLI2.XLS'!$C$2
·	3	='C:\VIEWEG\KONSOLI2.XLS'!$E$2	='C:\VIEWEG\KONSOLI2.XLS'!$F$2
−	4	=SUMME(B2:B3)	=SUMME(C2:C3)
·	5	='C:\VIEWEG\KONSOLI2.XLS'!$B$3	='C:\VIEWEG\KONSOLI2.XLS'!$C$3
·	6	='C:\VIEWEG\KONSOLI2.XLS'!$E$3	='C:\VIEWEG\KONSOLI2.XLS'!$F$3
−	7	=SUMME(B5:B6)	=SUMME(C5:C6)

Die externen Bezüge, wie z. B. "='C:\VIEWEG\KONSOLI2.XLS'!$E$2" in der Zelle B2, bewirken, daß sich Änderungen in den Quelltabellen auch auf die Zieltabelle auswirken.

Erweitern des Quellbereichs: Wenn Sie später noch andere Zellen(bereiche) in die Konsolidierung mit einbeziehen wollen, so verändern oder ergänzen Sie einfach die im Dialogfenster "Konsolidieren" (Fenster "Ursprungsbezüge") enthaltenen Einträge.

Sie lassen in einer Tabelle (Datenquelle) Berechnungen durchführen, die Sie unverändert in eine andere (Zieltabelle) übernehmen wollen. Außerdem soll die Zieltabelle nach jeder Änderung in der Quelle sofort aktualisiert werden.

Laden Sie die zu verknüpfenden Tabellen in den Hauptspeicher. Es erleichtert Ihnen die Arbeit, wenn Sie mit *FENSTER - Alles anordnen* alle Fenster gleichzeitig auf dem Bildschirm erscheinen lassen (Größe je nach Anzahl).

Gehen Sie in die Quell-Tabelle, markieren dort die zu übertragende(n) Zelle(n) und kopieren sie in die Zwischenablage mit Strg + Einfg. Wechseln Sie daraufhin zur Ziel-Tabelle und dort zu jener Zelle, in die eingefügt werden soll (bei Bereichen: in die Zelle links oben).

Anstatt nun wie bisher gewohnt aus der Zwischenablage zu kopieren, rufen Sie eine eigene Verknüpfungsfunktion auf: *BEARBEITEN - Verknüpfung einfügen*. Die Zellen enthalten als Formel den externen Bezug. Im Bild unten ist die Zelle B2 in ZIEL mit der Zelle A3 aus QUELLE verknüpft.

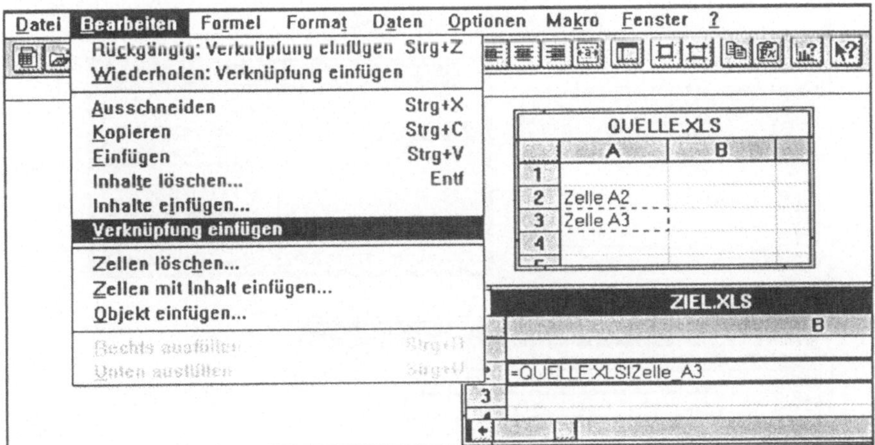

Sie lassen in einer Tabelle (Datenquelle) Berechnungen durchführen, die Sie unverändert in eine andere (Zieltabelle) übernehmen wollen. Außerdem soll die Zieltabelle nach jeder Änderung in der Quelle sofort aktualisiert werden. Sie haben für die Quellbereiche Namen definiert, die Sie beim Verknüpfen verwenden können.

Sie können auch bei Verknüpfungen Namen verwenden. Die ersten Schritte bis zum Wechseln in die Quell-Tabelle sind identisch mit den unter "Verknüpfen durch Zeigen" (Rezept 61) beschriebenen.

Wechseln Sie zur Quell-Tabelle. Wählen Sie *FORMEL - Namen einfügen ...*. Es erscheint das Dialogfenster "Namen einfügen", wo Sie den entsprechenden Namen auswählen.

Kehren Sie zur Ziel-Tabelle zurück, bearbeiten Sie die Formel weiter und bestätigen die Einträge mit ↵. Im Bild unten wurde "QUELLE.XLS!Zelle_A2" auf diese Weise eingefügt. Das Dialogfenster "Namen einfügen" bezieht sich auf die Quell-Tabelle.

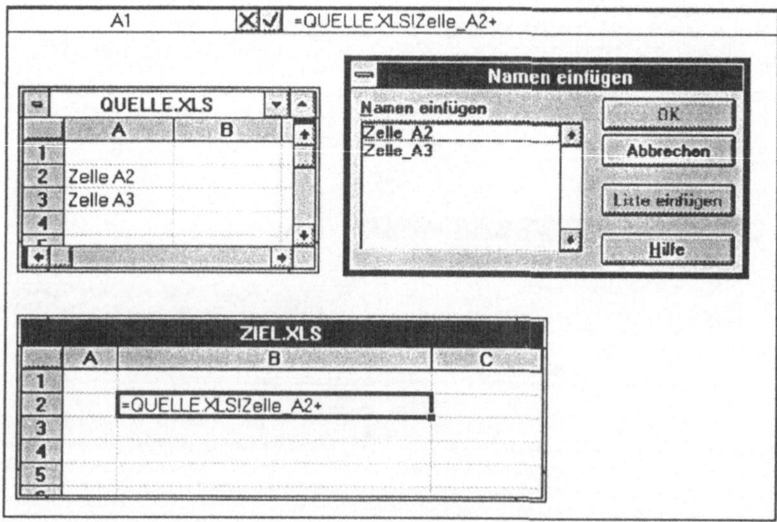

Verknüpfen durch Zeigen 61

Sie gestalten ein Rechenblatt und wollen Daten und Ergebnisse aus einer anderen Tabelle so einbeziehen, daß automatisch alle Veränderungen aufgrund einer Verknüpfung übertragen werden.

EXCEL stellt Ihnen für die Verknüpfung von Tabellen sog **"externe Bezüge"** zur Verfügung, die Sie in jede Formel manuell oder durch Anzeigen (Markieren) eintragen können.

Laden Sie die zu verknüpfenden Tabellen in den Hauptspeicher. Die gleichzeitige Anzeige der Tabellen mit *FENSTER - Alles anordnen* erleichtert Ihnen das Arbeiten. Gehen Sie in die Ziel-Tabelle und dort zu der Zelle, in der Sie die Verknüpfung einrichten wollen. Klicken Sie auf die Bearbeitungszeile (oder: [F2]) und geben Sie die gewünschte Formel ein (mindestens ein "=").

Wenn der Cursor an der Stelle steht, wo der externe Bezug auf die Quell-Tabelle stehen soll, klicken Sie nun die Quell-Tabelle an. Sie wird insofern aktiviert, als daß dort die Bildlaufleisten eingefügt werden und man sich in allen Richtungen bewegen kann. (Dabei bleibt die Ziel-Tabelle als aktiv angezeigt.)

Gehen Sie in der Quell-Tabelle zu jener Zelle, zu der die Verknüpfung herzustellen ist; ist dies ein Bereich, so markieren Sie diesen. Sie sehen die Markierung als wandernden Rand. Kehren Sie schließlich zur Ziel-Tabelle zurück und bestätigen die Einträge in der Bearbeitungszeile.

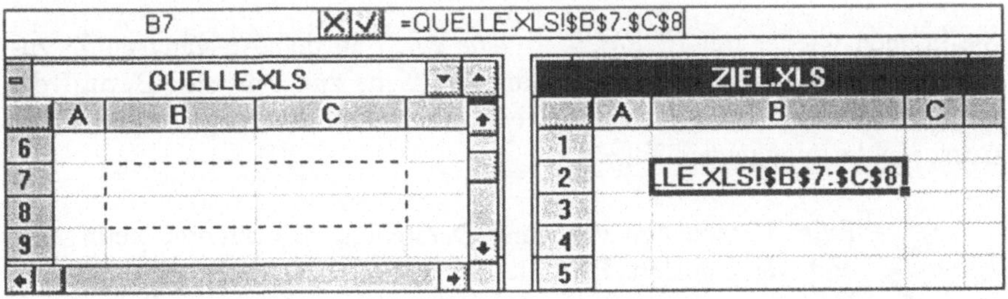

B7 =QUELLE.XLS!$B$7:$C$8

QUELLE.XLS

ZIEL.XLS

LE.XLS!$B$7:$C$8

Um einen Überblick über das Bezugsgeflecht zu behalten, bietet Ihnen EXCEL drei Möglichkeiten:

(1) die **Formeldarstellung**: Rasches Umschalten zwischen Werte- (= Standard-) und Formeldarstellung mit [Strg] + [#]. Anstelle der berechneten Werte zeigt EXCEL in automatisch verbreiterten Spalten die hinter den Zellen steckenden Formeln; und damit natürlich auch alle externen Bezüge.

(2) das **Info-Fenster**: Aktivieren Sie die zu untersuchenden Tabellen und lassen Sie das Info-Fenster anzeigen: *FENSTER - Info* sowie *FENSTER - Alles anordnen*. Aktivieren Sie im Info-Fenster die Optionen "*Vorrangige*" und "*Abhängige*" in allen Ebenen.

(3) **Springen** mit dem Cursor: EXCEL hat alle Vorwärts- und Rückwärtsverweise ständig evident und bietet die Möglichkeit, komfortabel mit ein paar Maus-Klicks eine Verweiskette in beide Richtungen zu durchwandern:

Gehen Sie zu einer Zelle, die einen externen Bezug enthält. Diese klicken Sie zweimal an. Der Cursor springt in die Zelle, auf die der externe Bezug verweist. Es wird die angegebene Quell-Tabelle aktiviert (ist diese nicht auf der Arbeitsfläche, so wird sie geladen), und der Cursor steht in der entsprechenden Zelle. Bezieht sich der externe Bezug auf einen Bereich, so ist dieser nach dem Sprung in die Quell-Tabelle markiert.

Sie können wieder mit *FORMEL - Gehe zu ...* an den Ausgangspunkt zurückspringen. Tragen Sie im Dialogfenster "Gehe zu", im Feld "Bezug" die gesuchte (auch: externe) Referenz ein. Nach dem Bestätigen springt der Cursor in die angegebene Zelle.

Beim Umschalten von einer Darstellung zur anderen verbreitert und verschmälert EXCEL die Spalten sebsttätig. Ein weiteres Verbreitern in der Formeldarstellung verändert auch die Spaltenbreite in der Normaldarstellung. Ferner ist in der Formeldarstellung ein Zeilenumbruch (mit: *FORMAT - Ausrichtung ...*) nicht möglich!

Ihre Tabelle enthält in einer Spalte Zellen, für die Sie den Namen "Menge" vergeben haben. Für eine gleiche Anzahl von Zellen in einer anderen Spalte daneben haben Sie den Namen "Preis" definiert. In einer dritten Spalte wollen Sie die Kosten aus Menge und Preis errechnen. Da immer die gleiche Berechnung durchzuführen ist, möchten Sie nur eine Rechenvorschrift für alle Berechnungen eingeben.

ARRAY-Formeln sind eine spezielle, ökonomische Technik in EXCEL, um eine gleichbleibende Berechnungsweise für eine Gruppe von Zellen zu definieren. In Kombination damit lassen sich gut Namen für Zellbereiche verwenden:

Markieren Sie die entsprechende Anzahl von Zellen in der Zielspalte. Geben Sie die Formel ein (z. B. "=Preis*Menge"). Um EXCEL mitzuteilen, daß dies eine ARRAY-Formel ist, bestätigen Sie mit der Tastenkombination: Strg + ⇧ + ↵. EXCEL berechnet jetzt alle Felder nach dieser Formel. In jeder Zelle zeigt die Bearbeitungszeile die genannte Formel in geschwungener Klammer: {=Preis*Menge}. Diese Klammer ist das Zeichen der ARRAY-Formel.

D3 | {=Preis*Menge}

	A	B	C	D
1	Artikel	Preis	Menge	Kosten
2	Artikel 1	17,50	1	17,50
3	Artikel 2	183,00	4	732,00
4	Artikel 3	25,40	5	127,00
5	Artikel 4	33,90	6	203,40

EXCEL weist den Versuch, eine Zeile im ARRAY-Bereich zu verändern durch eine Fehlermeldung **Kann Teil des Array nicht ändern!** ab. **Löschen** läßt sich nur der ganze Bereich, für den die ARRAY-Formel gilt. Wenn Sie die gerechneten Ergebnisse aus dem ARRAY-Bereich **ablösen** wollen, wählen Sie: *BEARBEITEN - Kopieren* und *BEARBEITEN - Inhalte einfügen ... - Werte*.

Sie haben z. B. in die Zelle A1 die Formel "=1 + A1 / 2" eingegeben und wollen sich den Grenzwert dieser (geometrischen) Reihe errechnen lassen.

In diesem Beispiel hat die Rechenvorschrift einen Bezug auf die eigene Zelle. D. h., sobald EXCEL einmal ein Ergebnis errechnet hat, wird wegen genau dieser Änderung die Berechnung erneut angestoßen. Ein an sich unendlicher Kreislauf, auf den EXCEL mit dem Begriff "Zirkelbezug" hinweist.

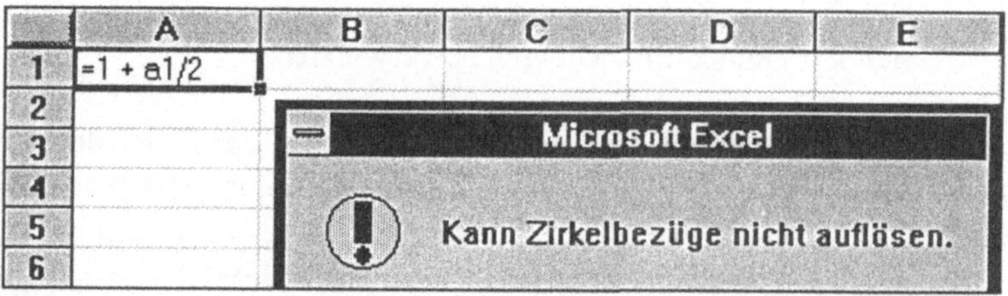

Um dennoch zu einem Ende zu kommen, verfügt EXCEL über zwei begrenzende Parameter, die Sie einstellen können: Wählen Sie *OPTIONEN - Berechnen ....* Im Dialogfenster "Iteration" stellt das Kästchen "Iteration" die beiden Eingabefelder zur Verfügung. Legen Sie mit "Höchstzahl der Iterationen" die Anzahl der Berechnungswiederholungen und mit "Änderungshöchstwert" die Schrittweite der Annäherung fest. Das Bild zeigt die Standarwerte (Ausschnitt aus dem Dialogfenster "Berechnen").

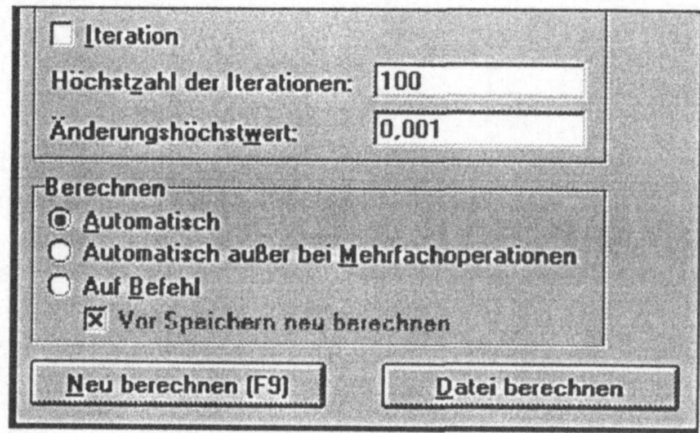

Iteration: Grenzwert einer Reihe (2) 65

Sobald Sie die Option "Iteration" wählen berechnet EXCEL die Formel "=1 + A1 / 2". Verändern Sie versuchsweise die beiden Parameterwerte, um die Arbeitsweise der Iteration kennenzulernen. Der Grenzwert der Folge ist 2.

	=1 + A1/2
	A
1	1,999023438

Nach jeder Aktion, aufgrund der EXCEL das Rechenblatt neu aufbaut, wird die Iteration neu berechnet. Sie müssen nicht jedes Mal das Berechnen abwarten, sondern können im Dialogfenster "Berechnen" das automatische Berechnen abschalten. Wählen Sie dazu die Option "Berechnen auf Befehl".

Die Iteration ist ein Annäherungsweg an die Lösung (daher der Name: iter, itineris (lat) das Gehen, der Weg). Er geht von einem Anfangswert aus und nähert sich bis zu einer gewünschten Genauigkeit durch laufendes Wiederholen eines gleichbleibenden Rechenverfahrens dem idealen Lösungspunkt. Bei jedem dieser Rechenschritte wird das Ergebnis aus dem Schritt vorher als Anfangswert einbezogen.

EXCEL bietet diese Möglichkeit leicht zugänglich in mehreren Ausführungen: Iteration, Zielwertsuche und SOLVER.

Sie haben in einer Reihe von Zellen (in einer Spalte) verschiedene Textkonstanten gespeichert, z. B. Bezeichnungskürzel. EXCEL soll nun feststellen, wie oft jedes dieser Kürzel in einem bestimmten Bereich vorkommt. Sie wollen die Zählergebnisse zu einer statistischen Übersicht zusammenführen.

Die ARRAY-Formel ist nicht nur bei numerischen Berechnungen nützlich. Die Zellen im Statistikteil (im Bild: B2 bis B5) enthalten jeweils die (ARRAY-) Formel "{=SUMME (1* (A2:A10 = C2))}". Die Zellen C2 bis C5 sind mit den jeweils zu zählenden Bezeichnungskürzel als Textkonstante belegt.

B2 | {=SUMME(1*(A2:A10=C2))}

	A	B	C	D
1	Bezeichnung	Mengen-statistik		
2	aaa	3	aaa	
3	bbb	2	bbb	
4	aaa	1	ccc	
5	ccc	3		<= leer
6	aaa			
7	bbb			
8				
9				
10				

Bestätigen Sie die Formeleingabe mit [Strg] + [⇧] + [↵]; siehe auch die Erläuterungen zu "Mit ARRAY-Formeln rechnen" oben. EXCEL zeigt die gesuchte Anzahl in den Zellen B2 bis B5 an.

Erläuterung zur Formel {=SUMME (1* (A2:A10=C2))}: Dieses Beispiel zeigt, daß man auch mit logischen Werten numerisch rechnen kann.

Die ARRAY-Formel {=A2:A10=C2} ergibt "WAHR"; d. h., daß es im Bereich "Bezeichnungen" eine Zelle gibt, die die gleiche Zeichenkette enthält. Da EXCEL logische Werte dem numerischen "0" und "1" gleichsetzt, ergibt {=1*(A2:A10=C2)} gleich 1. Die Klammern ( ) dienen hier nur der Deutlichkeit.

EXCEL kann über eine ARRAY-Formel summieren. Daher ist das Ergebnis von {=SUMME(1*(A2:A10=C2))} die gesuchte Anzahl. Die Operation "1*" ist notwendig, da die Formel {=SUMME(A2:A10=C2)} unterschiedslos den Wert 0 ergibt. Anstelle des Multiplikanden 1 kann natürlich jeder gültige EXCEL-Ausdruck stehen.

Vergeben Sie für den Bereich, der die zu zählenden Textkonstanten enthält (hier: A2 bis A10), einen Namen. Dann können Sie später die Zählung auf weitere Zellen ausdehnen oder einschränken, ohne daß Sie deshalb die ARRAY-Formeln einzeln nachziehen müssen. Das Ergebnis aus der ARRAY-Formel wird sofort aktualisiert.

Wenn Sie die Zählstatistik in einem anderen Rechenblatt haben wollen, muß die Summenformel dort nur zusätzlich den Tabellennamen enthalten; z. B.: "{=SUMME (1* ('<pfad>\<tabelle>' ! <bereichsname> = <Vergleichswert>))}".

Fehlermeldung: Wenn Sie eine ARRAY-Formel nicht als solche mit der speziellen Tastenkombination eingeben, so bringt Excel die Meldung "**#WERT!**".

Ihre Tabelle enthält zwei gleich große quadratische Matrizen; d. h. zwei Bereiche mit gleich vielen Zeilen wie Spalten. Dafür haben Sie die Namen "A" und "B" definiert. EXCEL soll die Summe bilden.

EXCEL führt auch Matrizenoperationen mit ARRAY-Formeln und EXCEL-Funktionen durch. Markieren Sie einen Ziel-Bereich in der Größe der Quellmatrizen. Geben Sie die Formel "{=A+B}" als ARRAY-Formel ein (bestätigen Sie die Eingabe mit [Strg] + [⇧] + [↵]). Das Ergebnis entspricht nun der Eingabe von Einzelformeln, wie z. B. erste Zelle von A + erste Zelle von B usw..

Q2 {=A+B}

	J	K	L	M	N	O	P	Q	R
1	A			B			C		
2		1	2		10	20		11	22
3		3	4		30	40		33	44
4		5	6		50	60		55	66
5		7	8		70	80		77	88

Probleme gibt's, wenn Sie das **Produkt** der beiden Matrizen A und B wie die Summe oben mit der ARRAY-Formel berechnen wollen. Das Produkt von Matrizen entsteht, wenn man der Reihe nach jeden Wert jeder Zeile der ersten Matrix mit jedem Wert jeder Spalte der zweiten multipliziert und die Summe zeilen-/spaltenweise bildet. Das Ergebnis ist wieder eine Matrix.

Rechnen Sie mit der Formel "{=SUMME(<zeile aus A>*<spalte aus B>)}", dann ist das Ergebnis falsch, da EXCEL tatsächlich " =SUMME(<zeile aus A>) * SUMME(<spalte aus B>)" berechnet hat. Richtig ist jedoch die Formel "=<erster wert der zeile aus A>*<erster wert der spalte aus B> + usw. bis zum letzten Wertepaar" (siehe die folgenden Ausführungen).

Ihre Tabelle enthält zwei Matrizen mit den Namen "A" und "B". EXCEL soll das Produkt berechnen.

EXCEL bietet eine eigene Formel an: Markieren Sie den Zielbereich und geben Sie "=MMULT(A;B)" als ARRAY-Formel ein, indem Sie die Eingabe mit [Strg] + [⇧] + [↵] bestätigen.

E5				{=MMULT(A;B)}			
	A	**B**	**C**	**D**	**E**	**F**	**G**	**H**
1				B				
2					10	30	50	70
3					20	40	60	80
4	A							
5		1	2		50	110	170	230
6		3	4		110	250	390	530
7		5	6		170	390	610	830
8		7	8		230	530	830	1130

Im Beispiel oben umfaßt die Matrix A die Zellen B5 bis C8 (2x4-Matrix) und B die Zellen E2 bis H3 (4x2-Matrix); das Produkt steht in den Zellen E5 bis H8 (1x4-Matrix).

In gleicher Weise steht Ihnen jeweils eine Formel für das Berechnen der Determinante (MDET()), der transponierten (diagonal gespiegelten) Matrix (MTRANS()) und der invertierten Matrix (MINV()) zur Verfügung.

Zu **MMULT()**: Das Ergebnis ist wieder eine Matrix. A hat i Zeilen und j Spalten und B ist j Zeilen und k Spalten groß: dann hat das Ergebnis A x B i Zeilen und k Spalten. Daher muß auch der Ergebnisbereich in der Größe i Zeilen und j Spalten markiert werden, sonst wird nur ein Teil berechnet. Aufgrund der mathematischen Definition der Matrizenmultiplikation muß die Spaltenanzahl von A gleich der Zeilenanzahl von B sein.

Sie haben in Ihrer Tabelle eine Formel, die neben anderen veränderbaren Parametern zwei enthält, für die Sie pro Parameter der Reihe nach mehrere Werte einsetzen wollen. Daraus entsteht eine Tabelle mit so vielen Ergebnissen, wie sich Wertepaare für die beiden Parameter bilden lassen.

Mit der Mehrfachoperation können Sie eine Formel auf mehrere Zellen anwenden und dabei einen oder zwei Parameter nach Vorgabe verändern, ohne daß Sie in jede Zelle des Zielbereichs die Formel separat und mit laufend veränderten Zellenbezügen einkopieren müssen. EXCEL kann die Mehrfachoperation auch rationeller verwalten.

Gehen Sie zum linken oberen Eck des Bereichs der Mehrfachoperation (= Formelzelle), und geben Sie dort die Formel für die Mehrfachoperation ein. Die variabel gehaltenen Parameter sind dabei irgendwelche Zellen, die außerhalb des Bereichs liegen und nicht mehr verwendet werden dürfen (wichtig!).

An die Formelzelle anschließend folgen rechts daneben die Werte**zeile** und unter der Formelzelle die Werte**spalte**. Diese Zellen enthalten die unterschiedlichen Werte, die in die Formel einzusetzen sind.

Markieren Sie jetzt den gesamten Bereich der Mehrfachoperation von der Formelzelle bis zur letzten Zelle der Wertezeile und Wertespalte und wählen Sie dann *DATEN - Mehrfachoperation ...* . Sie öffnen damit das Dialogfenster "Mehrfachoperation".

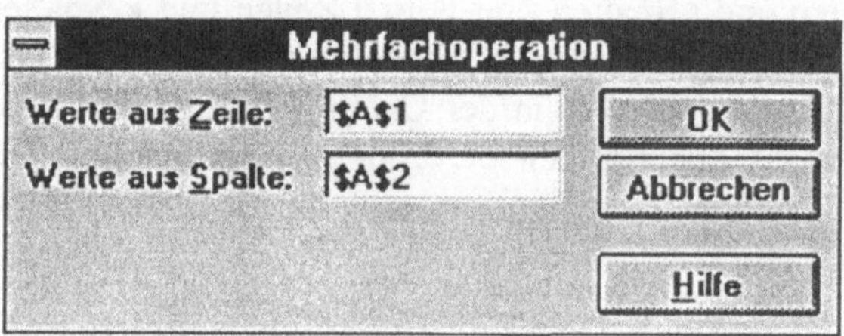

Die Mehrfachoperation (2)

Die Bezeichnung "Werte aus Zeile", "Werte aus Spalte" im Dialogfenster "Mehrfachoperation" bedeutet: "Setze für den rechts eingetragenen Zellbezug (= Variable in der Formel) der Reihe nach die Werte aus der Wertezeile sowie aus der Wertespalte ein". Tragen Sie den Bezug einfach durch Anklicken der entsprechenden Zelle ein. EXCEL führt jetzt die Mehrfachoperation aus. Im Berechnungsbereich (unten im Bild die Zellen C2 bis G6) enthalten alle Zellen die gleiche Formel: **{=MEHRFACH-OPERATION (<werte aus zeile>; <werte aus spalte>}**

	A	B	C	D	E	F	G
1		0	1	2	3	4	5
2		12	12	24	36	48	60
3		14	14	28	42	56	70
4		16	16	32	48	64	80
5		18	18	36	54	72	90
6		20	20	40	60	80	100
7							
8		Formelmuster in Zelle B1: "=A1*A2"					

"Schönheitsfehler": Da in der Formelzelle die MO-Formel hinterlegt ist, zeigt EXCEL dort zwangsläufig das berechnete Ergebnis; im Gesamtbild wirkt es dort eher wegen zwangsläufiger Fehlermeldungen wie z. B. "#DIV/0" störend. Unterdrücken Sie die Schriftanzeige in dieser Zelle, indem Sie folgende Formatierung wählen: *FORMAT - Schriftart*. Im Dialogfenster "Schriftart" klicken Sie unter "Farbe" das mit dem Hintergrund farblich identische (im Allgemeinfall das weiße) Farbkästchen an.

Wichtig: Die Zellen, deren Bezüge in der Formel als Platzhalter für die einzusetzenden Werte (aus Zeile und Spalte) dienen, sind unbedingt leer zu lassen und diese Bezüge nirgendwo nochmals zu verwenden! Zudem dürfen sie nicht im Bereich der Mehrfachoperation liegen.

Die nächste Seite zeigt die Funktionsweise der Mehrfachoperation anhand einer Kredittilgung schematisch, wobei der Kreditbetrag fix (hier: 80.000,--), Zinssatz und Laufzeit (in Monaten) hingegen variabel sind. Zudem läßt sich das jeweilige Minimum sowie der Kreditbetrag durch entsprechende Eingaben in die Zellen B34 bis B37 beliebig verändern.

	A	B	C	D	E	F	G
33							
34	Startzinssatz	8,50%					
35	Startdauer	36					
36	Betrag	80.000					
37							
38							
39			Zahlung mtl				
40	Formel: ==> =RMZ(Zins-satz/12;Lauf-zeit;-Betrag)		36 Monate	48 Monate	60 Monate	72 Monate	84 Monate
41	Startzins:	8,50%	**2.525,40**	**1.971,86**	**1.641,32**	**1.422,27**	**1.266,92**
42		9,00%	**2.543,98**	**1.990,80**	**1.660,67**	**1.442,04**	**1.287,13**
43		9,50%	**2.562,64**	**2.009,85**	**1.680,15**	**1.461,98**	**1.307,52**
44		10,00%	**2.581,37**	**2.029,01**	**1.699,76**	**1.482,07**	**1.328,09**
45		10,50%	**2.600,20**	**2.048,27**	**1.719,51**	**1.502,32**	**1.348,85**
46		11,00%	**2.619,10**	**2.067,64**	**1.739,39**	**1.522,73**	**1.369,79**
47		11,50%	**2.638,08**	**2.087,12**	**1.759,41**	**1.543,29**	**1.390,92**
48		12,00%	**2.657,14**	**2.106,71**	**1.779,56**	**1.564,02**	**1.412,22**
49		12,50%	**2.676,29**	**2.126,40**	**1.799,84**	**1.584,89**	**1.433,70**
50							

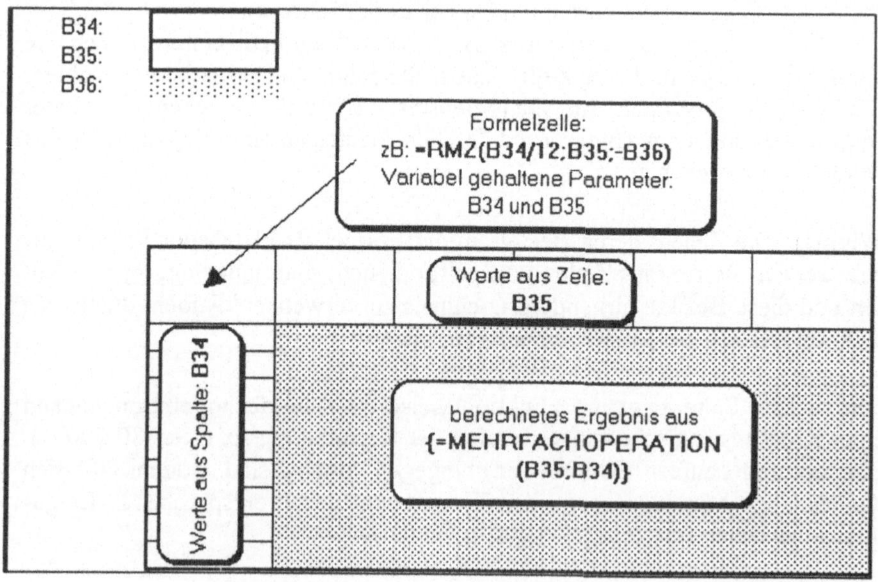

SOLVER: Extremwerte berechnen 73

Ihr Rechenmodell enthält eine Kurve dritter Ordnung: $y = x^3 + r \bullet x^2 + s \bullet x + t$. Es ist erforderlich, das Maximum dieser Kurve innerhalb eines vorgegebenen Intervalls (Wertebereichs) von x zu berechnen.

Im Beispiel unten wurden für die Konstanten folgende Werte gewählt: $r = 0$; $s = -3$; $t = -6$. Die Formel $y = x^3 - 3 \bullet x - 6$ steht in der Zelle B10; die Zelle B9 dient als Laufvariable x. Wählen Sie *FORMEL - Solver ...* . EXCEL startet SOLVER beim ersten Aufruf als Zusatz (Makro SOLVER.xla im Verzeichnis \EXCEL\MAKRO\SOLVER). Im Dialogfenster "Solver-Parameter" geben Sie in das Eingabefeld "Zielzelle" den Bezug auf die Zelle mit der Gleichungsformel ein (hier: B10). Als "Zielwert" wählen Sie "Max". Die "veränderbare Zellen" ist der Bezug der Zelle, die Sie in der Formel für die Variable x verwendet haben; im Beispiel unten B9.

Starten Sie SOLVER mit *Lösen*. SOLVER ermittelt ein Lösungspaar (X,Y); an diesem Punkt hat die Kurve ihr Maximum. Im Beispiel unten sehen Sie die Lösung für x in der Zelle B9 und für y in B10 (hier: $x = -1$, $y = -4$).

	A	B	C
8			
9	X	-1	<== veränderbare Zelle
10	G1	-4	<== Gleichung 1: "= B9^3 -3 * B9 - 6"
11			
12		Probe:	0^3 - 3*0 - 6 = -6
13			(-1)^3 - 3 * (-1) - 6 = -4 <== Maximum bei (-1 / -4)
14			(-2)^3 - 3 * (-2) - 6 = -8
15			

Durch "*Nebenbedingungen*" schränken Sie die Berechnungen von SOLVER auf ein bestimmtes Intervall der X-Achse ein; z. B. "$B9 >= [wert1]$", darunter: "$B9 <= [wert1]$". (Mathematisch formuliert: $[wert1] <= x <= [wert2]$). Siehe auch das Rezept "Solver: ein lineares Modell", Rezept 74.

"B9^3" ist EXCEL-Schreibweise für: "x^3".

Ihr Rechenmodell enthält zwei lineare Gleichungen, für die Sie den Schnittpunkt berechnen wollen. Allgemein haben die Gleichungen die Form G1: $y = a_1 \bullet x + b_1$ und G2: $y = a_2 \bullet x + b_2$. Die gesuchte Lösung ist jenes Wertepaar (X,Y), das beide Gleichungen erfüllt.

Im Beispiel unten stellt die Zelle: B2 die Variable X ("veränderbare Zelle") dar. B3 (die "Zielzelle") enthält die Formel "$= 4 \bullet B2 - 3$" und B4 dient mit der Formel "$= 5 \bullet B2 + 8$" als "Nebenbedingung". (Im Beispiel wurden für die Konstanten folgende Werte gewählt: $a_1 = 4$; $b_1 = -3$; $a_2 = 5$; $b_2 = 8$)

	A	B	C
1			
2	X	-11	<== veränderbare Zelle
3	G1	-47	<== Gleichung 1: "= 4 * B2 - 3"
4	G2	-47	<== Gleichung 2: "= 5 * B2 + 8" (Nebenbedingung)
5			
6		Probe:	4 * (-11) - 3 = 5 * (-11) + 8 = -47
7			

Rufen Sie Solver auf: *FORMEL - Solver ....* Füllen Sie das Dialogfenster "Solver Parameter" nach dem Beispiel unten aus: "Zielzelle": \$B\$3; "veränderbare Zellen": \$B\$2; darunter dann die "Nebenbedingungen" hinzufügen: \$B\$3 = \$B\$4.

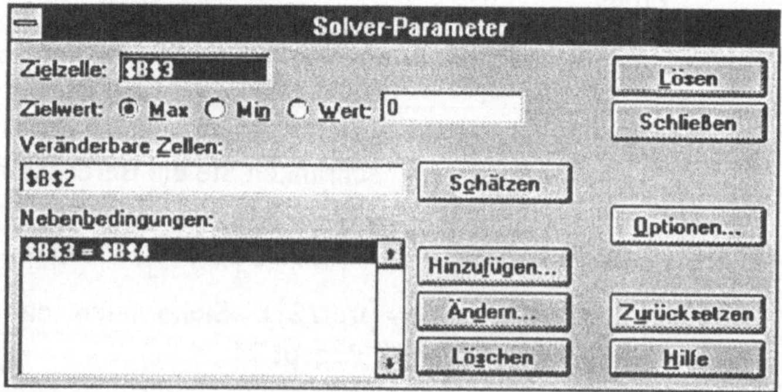

SOLVER: ein lineares Modell (2) 75

Sie können beliebig viele Nebenbedingungen formulieren, die SOLVER beim Berechnen gleichzeitig einhalten soll. Im Beispiel hier müssen beide Gleichungen das gleiche Wertepaar (X,Y) enthalten. Das ergibt die Nebenbedingung: B3 = B4.

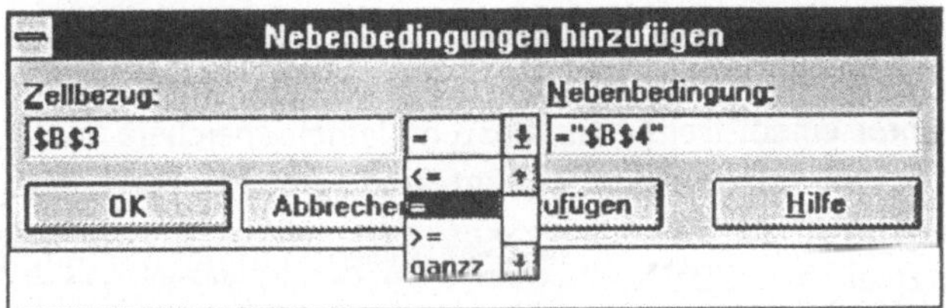

Starten Sie die Berechnung mit "*Lösen*". Hat Solver eine Lösung gefunden, dann können Sie sie im Rechenblatt belassen ("*Lösung verwenden*") oder verwerfen ("*Ausgangswerte wiederherstellen*").

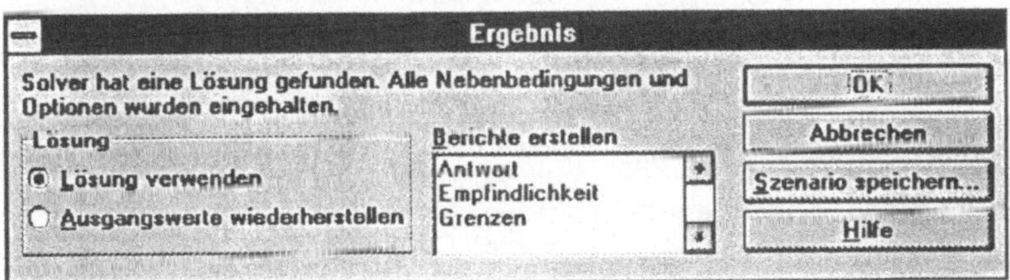

SOLVER versucht, in sich wiederholenden Rechenschritten alle gestellten Bedingungen zu erfüllen. Ist das nicht möglich (weil z. B. parallele Gerade keinen Schnittpunkt im Endlichen haben), so bringt SOLVER die Meldung: **"Werte der Zielzelle konvergieren nicht"**.

Die Option "*Berichte erstellen*" generiert Ihnen weitere Tabellen mit Detailinformationen. Die Höchstrechenzeit oder die Wiederholungsanzahl (Iterationsgrenze) können Sie über das Menü *OPTIONEN - Berechnen ... Iteration*) einstellen.

Halten Sie das Modell variabel, indem Sie die Konstanten (im Beispiel oben die Werte 4, 3, 5 und 8) in separate Zellen eintragen und jeder Zelle einen Namen vergeben. Darüber hinaus können Sie für verschiedene Konstantengruppen den Szenario-Manager (Rezept 76) einsetzen.

Sie führen eine Berechnung mit verschiedenen Wertegruppen durch, um die Veränderung des Ergebnisses zu beobachten. Die gestellten Situationen ("Szenarien") wollen Sie mit dem Rechenblatt abspeichern.

Der neue Szenario-Manager ist im Prinzip eine "Tabelle in der Tabelle", in der EXCEL eingegebene Werte oder Zellbezüge unter einem frei bestimmbaren Namen speichert, sie auf Abruf in die Parameterzellen einfügt und die Neuberechnung anstößt. Beim ersten Aufruf läd EXCEL das Zusatzmakro SZENARIO.xla aus dem Verzeichnis \EXCEL\MAKRO.

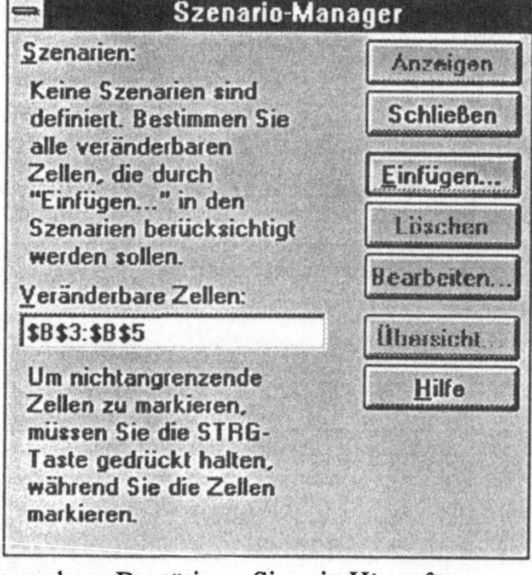

Zum **Anlegen** einer Szenarien-Tabelle wählen Sie *FORMEL - Szenario Manager ...* . Im Dialogfenster "Szenario Manager" können Sie die Bezüge der durch die Werte der Szenarien zu verändernden Zellen eintragen (*Einfügen*). Im zweiten Dialogfenster "Szenario einfügen" ist ein eindeutiger Name und für jede zu verändernde Zelle ein Wert oder ein Bezug einzugeben. Bestätigen Sie mit *Hinzufügen*.

Szenario einfügen
Name: Szenario 1
1: $B$3 =$D$3
2: $B$4 =$D$4
3: $B$5 =$D$5
OK
Abbrechen
Einfügen
Hilfe

Zum **Ausführen** kehren Sie ins Dialogfenster "Szenario Manager" zurück, wählen einen Szenario-Namen aus und stoßen mit *Anzeigen* die Berechnung an. *Bearbeiten* ermöglicht ein Verändern der Werte und *Übersicht ...* erzeugt eine neue Tabelle mit allen Werten und Bezügen, die in die Parameterzellen eingesetzt werden.

Das **Beispiel** unten zeigt anhand einer Kreditrückzahlungstabelle (siehe auch bei: MEHRFACHOPERATION(), Rezept 70) die Berechnung mit verschiedenen Werten für Zinssatz, Laufzeit (in Monaten) und Kredithöhe. Die Zellen B3 bis B5 sind die Parameterzellen, in die die Szenarienwerte eingesetzt werden. Außerdem ist das Beispiel dadurch zusätzlich flexibel gehalten, daß die Szenarien keine fixen Werte, sondern Zellbezüge enthalten. Diese zeigen auf Zellen in den Spalten D bis G. Dort kann der Anwender nun die wahrscheinlichsten oder häufig gebrauchten Wertekombinationen eintragen und sie mit Hilfe des Szenario-Managers rasch in die Parameterzellen zur Berechnung einsetzen lassen.

	A	B	C	D	E	F	G
1							
2				Szenario 1	Szenario 2	Szenario 3	Szenario 4
3	Startzinssatz	6,00%		8,00%	10,00%	6,00%	12,00%
4	Startdauer	240		36	48	240	24
5	Betrag	1.500.000		80.000	100.000	1.500.000	500.000
6							
7			Zahlung mtl				
8	Formel: ==> =RMZ(Zinssatz/12;Laufzeit;-Betrag)		240 Monate	252 Monate	264 Monate		
9	Startzins:	6,00%	10.746,47	10.482,85	10.246,12		
10		6,50%	11.183,60	10.925,44	10.694,08		
11		7,00%	11.629,48	11.377,08	11.151,36		
12		7,50%	12.083,90	11.837,49	11.617,66		
13		8,00%	12.546,60	12.306,42	12.092,07		
14		8,50%	13.017,35	12.783,59	12.576,09		
15		9,00%	13.495,89	13.268,72	13.067,61		
16		9,50%	13.901,97	13.761,52	13.566,92		
17		10,00%	14.475,32	14.261,70	14.073,69		

Szenario-M
Szenarien:
Szenario 1
Szenario 2
Szenario 3
Szenario 4
Veränderbare Zellen:
Um nichtangrenzende Zellen zu markieren, müssen Sie die STRG-Taste gedrückt halten,

Und hier das Ergebnis: Der Ausschnitt des Dialogfeldes "Szenario Manager" rechts im Bild unten zeigt, daß das Szenario drei gerechnet wurde (z. B. ein Bauspar-Kredit mit 20-jähriger Laufzeit sowie die Varianten bei Veränderung von Laufzeit und Kreditverzinsung).

Der als eigene Tabelle generierte **Übersichtsbericht** listet alle definierten Szenarien auf (unten nur ein Ausschnitt). Die "Ergebniszellen" (unten nicht im Bild) zeigen die Rechenergebnisse zum jeweiligen Szenario.

Übersichtsbericht	Szenario 1	Szenario 2	Szenario 3
Veränderbare Zellen:			
$B$3	8,00%	10,00%	6,00%
$B$4	36	48	240
$B$5	80.000	100.000	1.500.000

Die Funktion SOLVER ist direkt mit dem Szenario-Manager gekoppelt. Dadurch bleiben die Werte aus dem Dialogfenster "Solver Parameter" gespeichert.

Ihr Modell enthält eine Formel, z. B. $y = x^3 - 3 \bullet x - 1$. Sie wollen zu einem vorgegebenen y das richtige x berechnen.

EXCEL hilft Ihnen mit dem Instrument "Zielwertsuche", hinter dem das Iterationsverfahren steht. Die Berechnung nähert sich in Wiederholungsschritten an den vorgegebenen Zielwert.

Wählen Sie *FORMEL - Zielwertsuche...* und geben Sie im Dialogfenster "Zielwertsuche" folgende Parameter ein: "**Zielzelle**:" das ist die Formelzelle, die das y repräsentiert (im Beispiel unten B2); "**Zielwert**": enthält die Wertvorgabe für y (hier: 0). und "**Veränderbare Zelle**": das ist die Zelle, die die Variable x darstellt (im Beispiel: B1).

	B	C
1		<== Variable X "veränderbare Zelle"
2	-1	<== Zielzelle mit der Formel: "=B1^3-3*B1-1"
3		

Zielwertsuche	
Zielzelle:	$B$2
Zielwert:	0
Veränderbare Zelle:	$B$1

Schließlich erscheint das Fenster "Status der Zielwertsuche" mit dem Hinweistext "Zielwertsuche hat für die Zelle B2 eine Lösung gefunden:" und gibt "Zielwert" <wert>, "aktueller Wert" <wert> an. Die gesuchte Lösung für x im Beispiel ist in der Zelle B1 (-0,347).

Sie wollen Berechnungen, Umformungen, Suchen usw. durchführen und sich dabei von EXCEL unterstützen lassen.

EXCEL bietet eine umfangreiche Sammlung von Funktionen an (siehe dazu das im Originalprodukt enthaltene Handbuch). Zum Wesen der "Funktion": Sie ist ein Unterprogramm von EXCEL. Eine Funktion bringt stets einen Wert in die Zelle zurück, in der sie aufgerufen wurde (daher auch das "="). Beim Aufruf aller Funktionen ist eine bestimmte Schreibweise (Syntax) einzuhalten: **=funktionsname (parameter1;parameter2; ...)**. Die Angaben im Detail:

Am "=" erkennt EXCEL, daß diese Zelle eine Formel enthält. Fehlt das "=", so wird die Eingabe nur als Text behandelt.

funktionsname: siehe Handbuch; Name des Unterprogramms

(....) - Klammern: zwingende Schreibweise, an der EXCEL die Parameterliste erkennt. Auch wenn darin keine Parameter enthalten sind, müssen die Klammern geschrieben werden; z. B.: =HEUTE() [zeigt das Tagesdatum].

parameter1: die hier angeführten Werte oder Zellbezüge (Adressen) sind durch die Funktion zu verarbeiten. Die Funktion benötigt diese Werte. Es gibt auch Funktionen ohne Parameter.

; - Strichpunkt: Als Trennzeichen zwischen den einzelnen Parametern ist ein Strichpunkt einzugeben.

EXCEL hat auch eine Reihe von Funktionen, die nur in einem Makro verwendbar sind. Ein Hinweis darauf steht in der Funktionsbeschreibung: **Nur in Makrovorlagen**.

Darüber hinaus bietet EXCEL die Möglichkeit, selber Unterprogramme in der EXCEL-eigenen Sprache zu schreiben und damit den Befehlsumfang gezielt zu erweitern.

Ihre Tabelle enthält unter anderem einen Datenbankbereich, der unterschiedlichen Umfanges sein kann. Sie wollen diesen Bereich zusammen mit ausführlicheren Spaltenüberschriften gezielt ausdrucken.

Sie können den **Druckbereich** durch Markieren der Zellen und den Befehlen *OPTIONEN - Druckbereich festlegen* definieren. Das müssen Sie jedes Mal wiederholen, wenn sich der Umfang der Datenbanktabelle ändert. Die Funktion **BEREICH.VERSCHIEBEN (Bezug; Zeilen; Spalten; *Höhe*; *Breite*)** liefert einen Bezug (Zellbereich). Seine Größe richtet sich stets aktuell nach den Parametern "Höhe" und "Breite", wenn vorhanden, sonst nach der Größe des in "Bezug" angegebenen Bereichs. Die Angabe im Parameter "Bezug" bestimmt den Beginn. Falls "Bezug" ein Bereich ist, dann ist das dessen erste Zelle links oben. Durch die Werte in "Zeilen" und "Spalten" läßt sich dieser Beginn entsprechend waagrecht und senkrecht verschieben.

Verwenden Sie die Zellen direkt über den Spaltenüberschriften der Datenbanktabelle (im Beispiel unten die Zeile 5) für die ausführlichen Überschriften, und definieren Sie diese Zeile als Drucktitel (mit: *OPTIONEN - Drucktitel festlegen ... ; Spaltentitel*). Blenden Sie die erste Zeile der Datenbanktabelle durch Hinunterstufen aus. Geben Sie mit *FORMEL - Namen festlegen ...* den Namen "Druckbereich" und im Eingebefeld "Zugeordnet zu:" die Formel "=BEREICH.VERSCHIEBEN (Datenbank; 0; 0)" ein. Kontrollieren Sie die Druckausgabe durch die *Seitenansicht*.

	A	B	C	D	E	F
5	*Spalten-titel 1*	*Spalten-titel 2*	*Spalten-titel 3*	*Spalten-titel 4*	<== frei gewählte Namen	
6	**Feld 1**	**Feld 2**	**Feld 3**	**Feld 4**		
7	Inhalt 11	Inhalt 21	Inhalt 31	Inhalt 41	<== Datenbankbereich	
8	Inhalt 12	Inhalt 22	Inhalt 32	Inhalt 42		
9	Inhalt 13	Inhalt 23	Inhalt 33	Inhalt 43		
10	Inhalt 14	Inhalt 24	Inhalt 34	Inhalt 44		
11	Inhalt neu	25	35	45		
12						
13						
14	Datenbank	=$A$6:$D$11				
15	Druckbereich	=BEREICH.VERSCHIEBEN(Datenbank;1;0)				
16	Drucktitel	=$5:$5				

Sie haben sich ein Diagramm erstellt und wollen die hinter einer dargestellten Kurve stehende Formel bearbeiten.

Gehen Sie ins Diagrammfenster und klicken Sie einen Punkt der Reihe an. Die Bearbeitungszeile zeigt die Formel für die Darstellung der Werte. Die Funktion benötigt vier Parameter; Formelmuster: =DATENREIHE (Name; Rubriken; Größen; Darstellungsfolge).

=DATENREIHE(GRAPHIK.XLS!$B$1;GRAPHIK.XLS!$A$2:$A$15;
GRAPHIK.XLS!$B$2:$B$15;1)

DIAGRAMMFORMEL

Name der Datenreihe: im Beispiel oben der Verweis auf die Zelle GRAPHIK.XLS!$B$1

Bezeichnung der **Rubriken** auf der x-Achse: hier aus den Zellen: GRAPHIK.XLS!$A$2:$A$15; es scheinen die eingegebenen Bezeichnung(en) auf.

Die **Größen** (Werte) selber, z. B.: GRAPHIK.XLS!$B$2:$B$15; diese Werte wurden in den Zellen D2 - D15 berechnet. In diesen Zellen können auch Daten aus externen Bezügen stehen.

Die **Reihung** der Kurve; im Beispiel oben: 3; d. h., sie wird als dritte Reihe dargestellt.

"GRAPHIK.xls!": Die Notation (Schreibweise) "<tabellenname>!" ist für EXCEL der Hinweis, auf welche Tabelle die Angaben sich beziehen. Die Schreibweise mit dem vorangestellten Tabellennamen wird auch "**externer Bezug**" genannt. Jeder der vier Parameter kann willkürlich verändert werden.

Zum Testen von Berechnungen möchten Sie gleichverteilte Zufallszahlen eingeben; eine Arbeit, die Ihnen EXCEL abnehmen soll.

Die Funktion ZUFALLSZAHL() erzeugt Zufallszahlen zwischen 0 und 1; sollen diese ganzzahlig und zwischen 1 und N liegen, erfordert dies die Formel "**=GANZZAHL (ZUFALLSZAHL() * N)**"

In der neuen EXCEL-Version steht noch eine Funktion zur Verfügung, die ganzzahlige Zufallszahlen innerhalb eines bestimmten Bereichs generiert: "**=ZUFALLSBEREICH (a;b)**", wobei a und b die Intervallgrenzen sind.

Bei jedem Neuaufbau des Rechenblattes (z. B. nach Einfügen oder Herauslöschen von Zeilen / Zellen etc.) werden alle Zufallszahlen neu berechnet; Ebenso mit *OPTIONEN - Neu berechnen* oder [F9].

Wenn das automatische Berechnen die übrige Arbeit am Rechenblatt zu sehr behindert, so kann es (dauernd oder vorübergehend) ausgeschaltet werden mit: *OPTIONEN - Berechnen ...* Option *Automatisch berechnen* ausschalten.

Zum Ausfüllen eines restlichen Zellbereichs verwenden Sie *BEARBEITEN - Unten / Rechts ausfüllen* oder das automatische Ausfüllen (*DATEN - Reihe berechnen ... - Autoausfüllen*). EXCEL berechnet für jede dieser Zellen eine andere Zufallszahl.

Ablösen der Werte von der Formel mit: Kopieren in die Zwischenablage mit [Strg]+[Einfg] und Einfügen mit: *BEARBEITEN - Inhalte einfügen ... - Werte*.

Sie haben ermittelt, in welcher Zeile und Spalte eines Bereichs Ihrer Tabelle eine bestimmte Information steht. Auf diese Zelle soll die weitere Verarbeitung zugreifen.

INDEX() liefert den **Inhalt** jener Zelle, die durch die Parameter Zeile und Spalte bestimmt wird. Zeile und Spalte verstehen sich relativ zu (d. h. beginnend mit) einer Zelle(ngruppe) ("Bereich"). Formelmuster: **=INDEX (Bezug; Zeile; Spalte)**. Die Parameter sind:

Bezug: Zellbereich, kann auch ein dafür definierter Name sein.

Zeile: Nummer der Zeile, innerhalb des Bezugs; die linke obere Zelle des Zellbereichs ist Zeile 1 (und Spalte 1).

Spalte: Nummer der Spalte, innerhalb des Bezugs; die linke obere Zelle des Zellbereichs ist Spalte 1 (und Zeile 1).

	A	B	C	D
1	*Ergebnis*	*unterlegte Formel*		
5	17	=INDEX(C5:D7;3;2)	5	15
6			6	16
7			7	17

Fehlermeldung bei Überschreiten des Bereichs: **#BEZUG!**

Hinweis für Benützer der Dokumentation der Version 3: Im Verzeichnis der Funktionen wird als Ergebnis fälschlich "Bezug" statt "Inhalt" genannt.

Sie haben ein Arbeitsblatt erstellt oder ein Makroprogramm geschrieben und möchten die berechenten Ergebnisse oder den Arbeitsablauf von EXCEL an bestimmten Stellen kontrollieren. Insbesondere wenn Fehlermeldungen auftreten, wollen Sie die Verarbeitung durch entsprechende Abfragen steuern.

Sie können sich sogenannter Informationsfunktionen bedienen. Die folgende Tabelle gibt Ihnen einen Überblick der Funktionen und deren Ergebnis:

INFO(" ... ")	ergibt Hinweise auf Betriebssystem, Konfiguration etc..
ISTBEZUG()	ergibt WAHR, wenn der Wert der Zelle ein Bezug ist.
ISTFEHL()	ergibt WAHR bei einem Fehlerwert ungleich #NV ist.
ISTFEHLER()	ergibt WAHR, wenn in der Zelle ein Fehlerwert ist.
ISTKTEXT()	ergibt WAHR, wenn in die Zelle keinen Text enthält.
ISTLEER()	ergibt WAHR, wenn die Zelle leer ist.
ISTLOG()	ergibt WAHR, wenn die Zelle einen logischen Wert enthält.
ISTNV()	ergibt WAHR, wenn die Zelle den Fehlerwert #NV enthält.
ISTTEXT()	ergibt WAHR, wenn die Zelle einen Text enthält.
ISTZAHL()	ergibtt WAHR, wenn die Zelle eine Zahl enthält.
NV()	liefert den Fehlerwert #NV.
TYP()	ergibt die Zahl, die den Datentyp des Wertes kennzeichnet.
ZELLE(...)	ergibt Formatierung, Position oder Inhalt einer Zelle.

Funktion: SVERWEIS() 85

Sie wollen in einem mehrspaltigen Bereich Ihrer Tabelle unter den Werten der ersten Spalte suchen, um einen waagrecht daneben liegenden Zellinhalt zu erlangen.

Die Funktion SVERWEIS() ergibt einen **Zellinhalt**. Formelmuster: **=SVERWEIS (Suchkriterium; Datenfeld; Spaltenindex)**. Die Suche erfolgt in der ersten Spalte links des Datenfeldes, und der Index ist die Nummer der Spalten.

Die Anwendung der Funktion SVERWEIS bedingt, daß die Werte im Suchbereich **aufsteigend geordnet** sind.

Fehlermeldung bei erfolgloser Suche: **#NV!**.

Kombination von SVERWEIS() mit VERGLEICH(): Gegeben sei eine Tabelle, die in ihrer obersten, ersten Zeile und ersten Spalte links jeweils Parameter enthält. Die Tabelle kann z. B. durch MEHRFACHFUNKTION() berechnet worden sein.

Aus der ersten Zeile und Spalte sind vorgegebene Werte aufzufinden und der Wert im Schnittpunkt von gefundener Spalte und Zeile herauszusuchen. Formelmuster:

=SVERWEIS(Suchkriterium1;Datenfeld;
VERGLEICH(Suchkriterium2;Suchbereich;Vergleichstyp))

VERGLEICH() ermittelt - abhängig vom Suchkriterium2 - den (Index-) Wert für den Parameter "Spaltenindex"; wobei der "Suchbereich" genau die erste Spalte links von "Datenfeld" ist.

SVERWEIS() sucht in der ersten Zeile links und ermittelt den Wert aus der Tabelle im Schnittpunkt von gefundener Spalte und Zeile.

Siehe Beispiel unten bei WVERWEIS(), Rezept 88.

Ein Bereich Ihrer Tabelle enthält Werte. Sie wollen ermitteln: Ist ein bestimmter Wert überhaupt in dem Suchbereich vorhanden und - wenn ja - an welcher Stelle?

VERGLEICH() liefert die **Position** (= numerischer Wert) des Suchkriteriums im Suchbereich. Über den Parameter "Vergleichstyp" kann die Art der Übereinstimmung gewählt werden (siehe unten). Der Positionswert versteht sich relativ zum (d. h. beginnend mit) Suchbereich. Formelmuster: **=VERGLEICH (Suchkriterium; Suchbereich; Vergleichstyp)**. Die Parameter sind:

Suchkriterium: Wert, mit dem im Suchbereich gesucht wird. **Suchbereich**: Zellbereich, in dem zu suchen ist; kann auch ein dafür definierter Name sein.

Der **Vergleichstyp**: **+1** (Standard) bewirkt eine Suche nach dem größten Wert, kleiner gleich dem Suchkriterium. **Vergleichstyp 0**: erster Wert, gleich dem Suchkriterium; keine Ordnung zwingend. **Vergleichstyp -1**: kleinster Wert, größer gleich dem Suchkriterium. **Wichtig**: Es erfolgt keine Unterscheidung von Groß- und Kleinschreibung.

Die Vergleichstypen +1 und -1 bedingen die **aufsteigende Ordnung** der Werte im Suchbereich! **Fehlermeldung** bei erfolgloser Suche: **#NV!**

Kombination von INDEX() und VERGLEICH(). Formelmuster: **=INDEX (Bezug; Zeile; VERGLEICH (Suchkriterium; Suchbereich; 0)).** VERGLEICH() ermittelt - abhängig vom Suchkriterium - den Wert für den Parameter "Spalte"; INDEX() ermittelt sodann den Inhalt der Zelle mit dem Bezug (Zeile; Ergebnis aus VERGLEICH()).

Der Unterschied zur Funktion VERWEIS(): VERWEIS bringt direkt den Zellinhalt zurück, hingegen VERGLEICH nur einen numerischen Wert (= relative Positionsnummer).

Siehe Beispiel unten bei WVERWEIS(), Rezept 88.

Eine Spalte Ihrer Tabelle enthält Werte; parallel dazu in einer beliebigen anderen Spalte haben Sie die dazugehörigen Ergebnisse gespeichert. Sie wollen durch Suche in der Wertespalte eines der Ergebnisse ermitteln.

Die Funktion VERWEIS() ergibt einen **Zellinhalt**. Formelmuster: **=VERWEIS (Suchkriterium; Suchvektor; Ergebnisvektor)**. EXCEL sucht mit dem Suchkriterium im Suchvektor (das ist ein Bereich in der Verweistabelle) und gibt als Ergebnis das zurück, was es auf der Höhe dieser Zeile im Suchvektor findet. Die Parameter sind:

Suchkriterium: auch "Suchbegriff"; mit diesem Wert wird im Suchvektor gesucht. **Suchvektor**: ein Zellenbereich, in dem zu suchen ist. **Ergebnisvektor**: der Zellenbereich, aus dem das Ergebnis entnommen wird. Es steht in der gleichen Zeile wie der gefundene Wert im Suchvektor.

Die Anwendung der Funktion VERWEIS bedingt, daß der Suchvektor Werte in aufsteigender Reihenfolge enthält. Stellt VERWEIS() beim Suchen keine Übereinstimmung fest, so versucht die Funktion im Suchvektor einen Wert zu finden, der kleiner (oder gleich) dem Suchkriterium ist.

Fehlermeldung: Ist das Suchkriterium jedoch kleiner als der kleinste Wert im Suchvektor, so meldet EXCEL **#NV!** ("Wert nicht verfügbar"). Daher folgender **TIP**:

Bauen Sie die Verweistabellen stets so auf, daß die erste Zeile im Suchvektor ein (möglichst kleiner) Wert ist, der nie unterschritten werden kann (z. B. -99999999, 1900-01-01, Leerzeichen usw.).

Siehe Beispiel unten bei WVERWEIS(), Rezept 88.

Sie wollen in einem mehrspaltigen Bereich Ihrer Tabelle unter den Werten der ersten Zeile suchen, um einen senkrecht darunter liegenden Zellinhalt zu erhalten.

WVERWEIS() ergibt einen **Zellinhalt**. Formelmuster: **=WVERWEIS (Suchkriterium; Datenfeld; Zeilenindex)**. EXCEL sucht mit dem Suchkriterium in der ersten Zeile des Datenfeldes. Das Suchergebnis ist jene Spalte mit einem Wert gleich dem Suchkriterium (oder dem größten Wert kleiner gleich). Der Zeilenindex ergibt eine Zeile in dieser Spalte. Die Parameter sind:

Suchkriterium: auch "Suchbegriff"; damit wird in der ersten Zeile des Datenfeldes gesucht. **Datenfeld**: ein beliebiger Zellbereich. **Zeilenindex**: Nummer der Zeile in der durch das Suchkriterium gefundenen Spalte.

Die Werte im Suchbereich müssen aufsteigend geordnet sein. **Fehlermeldung** bei erfolgloser Suche: **#NV!**. Das Beispiel unten zeigt die Möglichkeiten, mit Suchfunktionen Werte aus einer Tabelle herauszugreifen. Die Tabelle selber wurde übrigens mit der MEHRFACHFUNKTION(), Musterformel '= *C*41 & " / " & C42', erstellt (siehe Rezept 70).

	B	C	D	E	F	G
47		101	102	103	104	105
48	1	1/101	1/102	1/103	1/104	1/105
49	2	2/101	2/102	2/103	2/104	2/105
50	3	3/101	3/102	3/103	3/104	3/105
51	4	4/101	4/102	4/103	4/104	4/105
52	5	5/101	5/102	5/103	5/104	5/105
53	6	6/101	6/102	6/103	6/104	6/105
54	7	7/101	7/102	7/103	7/104	7/105
55	8	8/101	8/102	8/103	8/104	8/105
56	9	9/101	9/102	9/103	9/104	9/105
57	*Ergebnis*	*unterlegte Formel*				
58	4/103	=INDEX(C48:G56;4;3)				
59	4/103	=VERWEIS(103;C47:G47;C51:G51)				
60	4/103	=VERWEIS(4;B48:B56;E48:E56)				
61	4/103	=WVERWEIS(103;C47:G56;5)				
62	4	=VERGLEICH(4;B48:B56;0)				
63	3	=VERGLEICH(103;C47:G47;0)				
64	4/103	=WVERWEIS(103;C47:G56;VERGLEICH(4;B48:B56;0)+1)				

Sie wollen Daten speichern, die in einem bestimmten sachlichen Zusammenhang stehen. EXCEL soll diese Daten einheitlich verwalten, sowie Zugriff und Suche unterstützen.

Eine sog Datenbanktabelle, wie im Beispiel unten, besteht aus Datensätzen (= Zeilen) und Datenfeldern (= Spalten). Die Zellen des Datenbankbereichs sind beliebig formatierbar. Aus den Daten einzelner Spalten können Sie mit jeder gültigen EXCEL-Formel zusätzliche Datenbankfelder (= Spalten) berechnen.

Geben Sie in einer beliebigen Zeile (im Beispiel Zeile 6) die Spaltenüberschriften ein; diese haben eine wichtige Funktion. Damit sind auch gleichzeitig die Feldnamen definiert. Daher muß jeder Datenbankbereich als erste Zeile diese Benennung enthalten. Gestaltung und Schreibweise sind frei.

Definieren Sie dann den Datenbankbereich. Markieren Sie die Zellen (unten: A6 bis D7) und wählen Sie: *DATEN - Datenbank festlegen*. Für die Dateneingabe und -suche stellt Ihnen EXCEL ein Dialogfenster zur Verfügung, da Sie mit *DATEN - Maske ...* aufrufen. Links sind die Eingabefelder und rechts die verfügbaren Funktionen. Sie können in derselben Maske von der Datenanzeige zur -suche und zurück wechseln.

	A	B	C	D	E
1					
2	Feld 1	Feld 2	Feld 3	Feld 4	<-- A2 - D4: "Suchkriterien"
3					
4					
5					
6	Feld 1	Feld 2	Feld 3	Feld 4	
7	5	Name	12-03-1992	12%	
8	7	Wort	23-05-1991	14%	
9	66	Buch	18-10-1990	29%	
10	12	EXCEL	02-02-1993	76%	
11					
12					
13					
14					
15	Feld 1	Feld 2	Feld 3	Feld 4	<-- A15 - D20: "Zielbereich"
16					

Namen einfügen
Namen einfügen
Datenbank
Suchkriterien
Zielbereich

EXCEL verwendet reservierte Namen: "**Datenbank**" für den Bereich der einzelnen Datensätze mit allen Datenfeldern (Spalten); "**Suchkriterien**" ist der Bereich für die Eingabe der Bedingungen, nach denen eine Suche im Bereich Datenbank erfolgen soll; "**Zielbereich**" heißt der Bereich für das Suchergebnis.

Sie geben Datensätze ungeordnet in einen Datenbankbereich ein. Sie wollen sich stets jenen Satz automatisch heraussuchen und anzeigen lassen, der ein bestimmtes Suchkriterium (z. B. den größten Wert in der Datumsspalte = jüngster Eintrag) erfüllt. Jedes Datum kommt nur einmal vor.

Bauen Sie den Datenbankbereich wie im Beispiel auf und definieren Sie oberhalb die Bereiche **Zielbereich** und **Suchkriterien**. Die Formel "=DBMAX (Datenbank; $C$30; Datenbank)" ist das Suchkriterium. In Zelle A25 des Zielbereichs steht die Formel "=DBAUSZUG (Datenbank; $A$30; Suchkriterien)"; B25 bis D25 analog. Die Funktion DBAUSZUG() führt eine Suche in der Datenbank nach Vorgabe der Suchkriterien durch, im Beispiel nach der Zeile mit dem jüngsten Datum. Dieses ermittelt die Funktion DBMAX() aus der Spalte "Feld 3".

	A	B	C	D	E
23					
24	Feld 1	Feld 2	Feld 3	Feld 4	<== A24 - D25: "Zielbereich"
25	12	EXCEL	02-02-1993	76%	=DBAUSZUG(Datenbank;$A$30;Suchkriterien)
26					
27			Feld 3		<== C27 - C28: "Suchkriterien"
28			02-02-1993		=DBMAX(Datenbank;$C$30;Datenbank)
29					
30	Feld 1	Feld 2	Feld 3	Feld 4	<== A30 - D35: "Datenbankbereich"
31	5	Daten	12-03-1992	12%	
32	7	Bank	23-05-1991	14%	
33	66	Bereich	18-10-1990	29%	
34	12	EXCEL	02-02-1993	76%	
35	38	Version 4	02-01-1993	55%	
36					

Treffen die Suchkriterien auf mehr als auf einen Datensatz zu, so ist das Ergebnis der Formel "=DBAUSZUG (Datenbank; $A$30; Suchkriterien)" die Fehlermeldung **#ZAHL!** (im Handbuch der Version 3 falsch mit "#NUM!" angegeben). Eine erfolglose Suche ergibt die Fehlermeldung **#WERT!**.

Für Eingabe und Suche Ihrer Daten in einer Datenbank-Tabelle wollen Sie sich von EXCEL durch ein Dialogfenster unterstützen lassen.

Wählen Sie *DATEN - Maske ...* . Ein Dialogfenster mit dem Tabellennamen zeigt Ihnen den ersten Datensatz. Mit der senkrechten Schiebeleiste blättern Sie die Datensätze durch. Sie können Daten und Datensätze anzeigen lassen, verändern, hinzufügen oder löschen. Das Bild unten zeigt links den Datenbankbereich der Tabelle und rechts die Maske dazu. Datenbank-Tabellen können auch berechnete Felder enthalten (unten mit "Rechenfeld" benannt). Diese sind über die Maske nicht zugänglich, da in jeder Zelle eine Formel steht (hier: "= A31 + B23").

Wechseln Sie zur Suchfunktion mit dem Funktionsknopf "*Suchkriterien*". Sie tragen die Einschränkungskriterien in die leere Datenmaske ein. Sie blättern im Datenbankbereich mit "*Vorherigen suchen*" und "*Nächsten suchen*"; **zurück** zur Datenmaske mit "*Maske*"; **beenden** Sie mit "*Schließen*".

=A31+B31

	A	B	C	D
29				
30	Feld 1	Feld 2	Rechenfeld	Feld 3
31	12-03-1992	5	17-03-1992	Daten
32	23-05-1991	7	30-05-1991	Bank
33	18-10-1990	66	23-12-1990	Bereich
34	02-02-1993	12	14-02-1993	EXCEL
35	02-01-1991	38	09-02-1991	Version 4
36	26-06-1992	22	18-07-1992	na bitte ...

DBANI

Feld 1:	12-03-1992
Feld 2:	5
Rechenfeld:	17-03-1992
Feld 3:	Daten
Feld 4:	0,12

Sie können die Datensätze nur der Reihe nach (sequentiell) abarbeiten und keine Indices wie in einem Datenbanksystem bilden!

Wenn Sie eine Eingabekontrolle benötigen, wie dies bei echten Datenbanksystemen wie ORACLE möglich ist, so müssen Sie die Datenmaske zusammen mit den Prüffunktionen in ein EXCEL-Makro einbetten.

Sie wollen zum einen sich für die Eingabe und die Suche Ihrer Daten in einer Datenbanktabelle von EXCEL durch ein Dialogfenster unterstützen lassen, und zum anderen die Datenmaske individuell gestalten..

Der Weg zu einer individuellen Datenmaske in Ihrer Datenbanktabelle ist grundsätzlich der gleiche, wie ausführlicher in den Rezepten 126ff beschrieben: Sie starten den Dialog-Editor, zeichnen sich das gewünschte Eingabefenster und kopieren das Ergebnis über die Zwischenablage in einen sonst nicht benötigten Bereich Ihrer Datenbanktabelle. Dort entsteht ein achtspaltiger Bereich, dem Sie den dafür reservierten Namen "**Datenmaske**" geben. Sobald Sie *DATEN - Maske ...* wählen, erscheint das Eingabefenster in der von Ihnen festgelegten Form. Die Bilder unten zeigen die Datenbanktabelle, den Bereich "Datenmaske" und das Ergebnis (Ausschnitt).

[DB-MASKE.XLW]Datenbank-

	A	B	C	D
5	Feld 1	Feld 2	Feld 3	Feld 4
6	Familienname	Vorname	Geburtstag	Alter in Tagen
7	Wanninger	Franz	03-03-1903	32.635
8	Gatter	Willi	05-06-1965	9.895
9	Lubinger	Hannes	31-03-1983	3.387

	F	G	H	I	J	K	L	M
4	*Bereich DATENMASKE (F6 - M14)*							
5	Typ	X	Y	H	B	Text	Ein / Aus	Kommentar
6	5	10	6			DATENBANK-EINGABEMASKE		
7	5	41	57			&1 FamName		
8	5	41	78			&2 VorName		
9	5	41	99			&3 GebDatum		
10	5	41	120			&4 AlterTage		
11	6	150	57	160			Feld 1	Eingabe zu Feld 1
12	6	150	78	160			Feld 2	Eingabe zu Feld 2
13	7	150	99	160			Feld 3	Eingabe zu Feld 3
14	209	150	120	160			Feld 4	Eingabe zu Feld 4

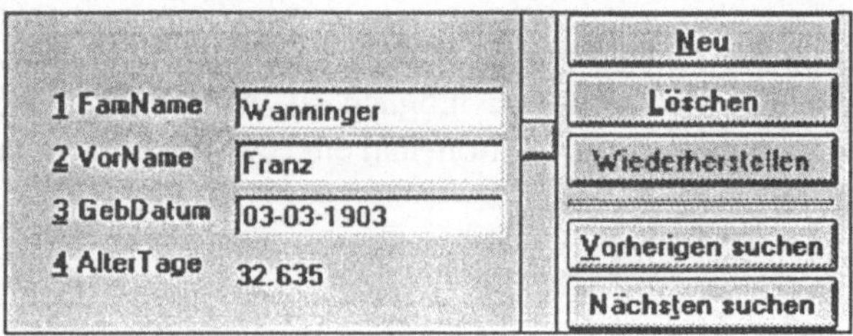

Sie haben eine Datenbanktabelle aufgebaut und wollen darin Datensätze suchen, die mehr als eine Bedingung erfüllen.

Dazu benennen Sie einen Bereich des Rechenblattes mit "**Suchkriterien**": In diesen (zwei oder mehr) Zeilen stehen die Bedingungen, nach denen die Daten auszuwählen sind. Bauen Sie diesen Bereich auf wie folgt:

Die **erste Zeile** enthält die Feldnamen (= Spaltenüberschriften). Die **Zeilen 2 und folgende**: zu erfüllende Bedingung(en). Es gilt: Alle Bedingungen, die nebeneinander eingetragen werden, sind von einem Datensatz zugleich zu erfüllen (logisches UND). Alle Bedingungen, die untereinander eingetragen werden, sind von einem Datensatz alternativ zu erfüllen (logisches ODER).

Markieren Sie alle für die Suche ausgefüllten Zellen und wählen Sie *DATEN - Suchkriterien festlegen*. Starten Sie die Suche mit *DATEN - Suchen und kopieren*.

	A	B	C	D
12				
13	Feld 1	Feld 1	<== A13 - B15: "Suchkriterien"	
14	>=7	<=12	7 <= Feld 1 <= 12	ODER
15	>=39	<=66	39 <= Feld 1 <= 66	
16				

VON - BIS - Suchkriterien sind in zwei Einzelbedingungen (siehe Beispiel oben) in einer Zeile (= logisches UND) zu zerlegen. Ein weiterer Auswahlbereich muß analog in einer Folgezeile eingetragen werden. Sparen Sie sich das Abschreiben der Feldnamen durch Eingabe des Bezugs (z. B. "=$A$6") auf die jeweiligen Spaltenüberschriften im Bereich Datenbank.

Achtung Falle: Sollte bei einem Wechsel der Abfrage eine der Zeilen 2 und folgende ohne Eintrag bleiben, so muß sie unbedingt aus der Definition des Suchkriterienbereichs ausgenommen werden, da EXCEL die Datensätze sonst mit den leeren Zellen vergleicht und alle Datensätze als Lösung ausgibt.

Sie haben eine Datenbank-Tabelle aufgebaut und durch die Suchkriterien Ihre Auswahl getroffen. EXCEL muß nun erkennen, wo es die Suchergebnisse eintragen soll.

Der **Zielbereich** nimmt die ausgewählten Datensätze auf. Sein Aufbau ist: **erste Zeile** Feldnamen (= Spaltenüberschriften). Darunter sind die **Zeilen 2 und folgende** für das Suchergebnis. Markieren Sie alle belegten Zellen der Zeilen 1 bis 2 und folgende und wählen Sie *DATEN - Zielbereich festlegen*. EXCEL definiert nun "Zielbereich" als neuen Namen in der Tabelle.

	A	B	C	D	E
5					
6	Feld 1	Feld 2	Feld 3	Feld 4	<== A6 - D10: "Datenbankbereich"
7	5	Daten	12-03-1992	12%	
8	7	Bank	23-05-1991	14%	
9	66	Bereich	18-10-1990	29%	
10	12	EXCEL	02-02-1993	76%	
11					
12					
13	Feld 1	Feld 1			<== A13 - B15: "Suchkriterien"
14	>=7	<=10			7 <= Feld 1 <= 12 ODER
15	>=39	<=66			39 <= Feld 1 <= 66
16					
17					
18	Feld 1	Feld 2	Feld 3	Feld 4	<== A18 - D21: "Zielbereich"
19	7	Bank	23-05-1991	14%	
20	66	Bereich	18-10-1990	29%	
21					

Der Zielbereich muß nicht zwingend alle Felder der Datenbank umfassen. EXCEL zeigt nur jene Felder der ausgewählten Datensätze, die in der ersten Zeile des Zielbereichs angegeben sind. Und auch auf diese Felder bezieht sich der Begriff "Duplikate" - ungeachtet des Inhalts in den nicht gezeigten Feldern.

Überlauf des Zielbereichs: Wurde er zu klein definiert, so gibt EXCEL die Meldung **"Zielbereich ist voll."** aus. EXCEL erweitert diesen Bereich nicht selbsttätig, was vor unbeabsichtigtem Überschreiben schützt.

Sie haben eine Datenbank-Tabelle erstellt und wollen sie nach bestimmten Gesichtspunkten gruppiert auswerten. EXCEL soll die Daten zu einem Bericht (Tabelle) zusammenführen.

Der neue Kreuztabellenassistent führt Sie schrittweise durch das Erstellen des Berichts. EXCEL wendet das Prinzip der Satzgruppenverarbeitung (wie z. B. in dBASE, ORACLE bekannt) an. Die Daten der Datenbanktabelle werden anhand bestimmter Kriterien gruppiert und zu einem gemeinsamen Berechnungsergebnis verarbeitet. Dafür stehen statistische Funktionen wie **Summe, Anzahl, Mittelwert, Varianz** usw. zur Verfügung.

Der Kreuztabellenassistent geht von den Daten in der Datenbanktabelle aus. Es entsteht eine neue Berichtstabelle, die Sie getrennt abspeichern können. Ihre Originaldaten bleiben dabei unverändert. Die beiden folgenden Bilder zeigen die Datenquelle und eines der möglichen Ergebnisse. Sie können die Gliederung der Tabelle durch Erstellungsoptionen steuern.

	A	B	C	D	F	F
1						
2	Kriterium A	Kriterium B	Kriterium C	Menge	á Wert	<== Datenbank A2 - E14
3	A2	A2, B1	A2, B1, C3	22	21300	
4	A1	A1, B1	A1, B1, C1	34	1110	
5	A2	A2, B2	A2, B2, C3	12	223	
6	A2	A2, B1	A2, B1, C2	89	20012	
7	A1	A1, B1	A1, B1, C2	47	112	
8	A1	A1, B1	A1, B1, C1	40	111	
9	A2	A2, B2	A2, B2, C3	50	230	
10	A1	A1, B1	A1, B1, C1	34	100	
11	A1	A1, B2	A1, B2, C3	21	123	
12	A2	A2, B1	A2, B1, C2	89	20120	
13	A1	A1, B1	A1, B1, C2	47	120	
14	A1	A1, B2	A1, B2, C2	55	122	
15						

	A	B	C	D	E
2					
3	Kriterium A	Kriterium B	Kriterium C	Summe von Menge	Mittelwert á Wert
4	A 1	A 1, B 1	A 1, B 1, C1	108	440,333333
5			A 1, B 1, C2	94	116
6		Summe von A 1.A 1, B 1		202	1553
7		A 1, B 2	A 1, B 2, C2	55	122
8			A 1, B 2, C3	21	123
9		Summe von A 1.A 1, B 2		76	245
10	Summe von A 1			278	1798
11	Anzahl von A 1			7	7
17	Summe von A 2			262	61885
18	Anzahl von A 2			5	5
19	Gesamt			540	5306,91667
20					

Laden Sie die auszuwertende Datenbanktabelle und wählen Sie *DATEN - Kreuztabelle ...* .Es erscheinen der Reihe nach fünf Dialogfenster, von denen aus Sie Erläuterungs- und Optionenseiten aufblättern können. Beim allerersten Aufruf läd EXCEL die Kreuztabellenfunktion als Zusatzmakro (in der Datei KREUZFNK.xla im Verzeichnis \EXCEL \MAKRO \KREUZTAB).

Die **Zeilenrubriken** entstehen aus jenen Spalten der Datenbanktabelle, die die Gruppierungskriterien enthalten (oben die Spalten A - "Kriterium A" - und B - "Kriterium B"). Bei der Bildung der Kreuztabelle bestimmen die *Optionen*, welche Berechnungen für die einzelnen Satzgruppen durchzuführen sind.

Wenn Sie **Spaltenrubriken** festlegen (im Beispiel oben nicht ausgeführt), gliedern Sie die Daten horizontal nach weiteren Kriterien (Begriffen, Kennzeichen etc.) über alle Gruppen (Zeilenrubriken) hinweg auf.

Die Daten der Datenbanktabelle werden durch frei wählbare Rechenoperationen verknüpft ("komprimiert") und in den **Wertefeldern** der Kreuztabelle angezeigt. Pro gewählter Berechnung erzeugt EXCEL eine Spalte, deren Überschrift die Berechnungsbezeichnung und den Spaltennamen der Datenbanktabelle enthält. Sie bewirken bezogen auf eine Spalte mehrere Berechnungen gleichzeitig, indem Sie die gleichen Spalte samt Wahl der Berechnungsmethode (z. B. Minimum, Maximum, Mittelwert) entsprechend oft hinzufügen. Ein Umreihen der Ergebnisse ist durch entsprechendes *Entfernen* und *Hinzufügen* möglich.

Falls der Befehl *Kreuztabelle ...* nicht im Menü *DATEN* angezeigt wird, müssen Sie das integrierte Makro "Kreuztabellenassistent" installieren.

Wichtig: Die Datenbanktabelle und die daraus entstandene(n) Kreuztabelle(n) hängen über den in der Datenquelle definierten Bereich Datenbank sowie über die Feldnamen (Spaltenbezeichnungen) zusammen. Nachträgliche Änderungen der Feldnamen können zu Fehlern und unbestimmten Ergebnissen beim Wiederberechnen führen. Daher sollten Sie nach solchen Änderungen grundsätzlich eine gänzlich neue Kreuztabelle erstellen lassen.

Sie haben zwei Datenbanktabellen mit laufend gebrauchten Stammdaten gefüllt. Daraus wollen Sie gezielt Daten entnehmen und in eine dritte Tabelle einsetzen. EXCEL soll Sie dafür mit der Datenbankfunktion, SVERWEIS() und Maske unterstützen.

Die erste Datenbanktabelle enthält z. B. Waren und die zweite die Lieferanten; ein Feld im Datensatz "Ware" verweist (über eine eindeutige Nummer in der ersten Datenbankspalte) auf den Lieferanten. Die dritte Tabelle sei ein Bestellschein, den Sie durch einfache Eingabe der Warennummer in die Datenmaske schreiben. Im Beispiel sind die drei Tabellen in einer Arbeitsmappe zusammengefaßt sein ("REL-DB.xlw").

[REL-DB.XLW]WAREN.XLS

	A	B	C	D
8	WAnummer	LInummer	WAtext	WApreis
9	1	4	Ware 4/1	100,00
10	2	1	Ware 1/2	120,00
11	3	2	Ware 2/3	220,00
12	4	3	Ware 3/4	240,00
13	5	1	Ware 1/5	150,00

	A	B	C
8	LInummer	LIname	LIort
9	1	Lieferant 1	Innsbruck
10	2	Lieferant 2	Hall iT
11	3	Lieferant 3	Wien
12	4	Lieferant 4	Seefeld

Legen Sie sich in der Tabelle "Bestellung" einen Datenbankbereich an; die erste Zeile enthält die Feldnamen. Sie können diese Zeile auch ausblenden, sollte sie nicht in Ihre Gestaltung passen. Geben Sie in der zweiten Zeile (= erster Datensatz) in alle Spalten mit Ausnahme jener für die Artikelnummer die Verweisformeln ein. (1) Der Verweis auf die Tabelle "Waren": =SVERWEIS ($A6; '[REL-DB.XLW] WAREN.XLS'!Datenbank; 3); und (2) der Verweis auf die Tabelle "Lieferer" über die Tabelle "Waren" =SVERWEIS (SVERWEIS ($A6; '[REL-DB.XLW] WAREN.XLS'! Datenbank; 2); '[REL-DB.XLW] LIEFERER.XLS'! Datenbank; 2) (zweistufiger Verweis).

Das Beispiel verwendet die Funktion SVERWEIS(). Suchbegriff ist einmal die in der Spalte A eingegebene Warennummer und das zweite Mal die aus der Tabelle "Waren" ermittelte Lieferantennummer. SVERWEIS() sucht damit jeweils in der ersten Spalte der Tabellen "Waren" und "Lieferer".

Der dritte Parameter ist die Information, in der wievielten Spalte des entsprechenden Bereichs "Datenbank" der gesuchte Wert steht. Im vorliegenden Fall finden Sie den Lieferanten mit der Lieferantennummer aus der Tabelle "Waren"; daher die zweistufige Suche (geschachteltes SVERWEIS()). Das folgende Bild zeigt die erstellte Liste und rechts die Eingabemaske mit dem einzigen Eingabefeld "Waren-Nummer".

	A	B	C	D	E
4		BESTELL-LISTE			
5	Waren-Nummer	Ware	Preis	Lieferant	L.-Ort
6	5	Ware 1/5	150,00	Lieferant 1	Innsbruck
7	6	Ware 3/6	360,00	Lieferant 3	Wien
8	1	Ware 4/1	100,00	Lieferant 4	Seefeld
9	12	#NV	#NV	#NV	#NV
10	0	#NV	#NV	#NV	#NV

[REL-DB.XLW]Be

Waren-Nummer:	5
Ware:	Ware 1/5
Preis:	150,00
Lieferant:	Lieferant 1
L.-Ort:	Innsbruck
Hilfsfeld:	5

Änderungen in einer der Stammdatentabellen "Waren" oder "Lieferer" wirken sich sofort auf die Daten in "Bestellung" aus.

Vorsicht **Falle**: Waren und Lieferanten müssen für die Suche mit SVERWEIS() durch die Waren- / Lieferantennummer streng aufsteigend sortiert sein und die Numerierungen dürfen keine Lücken aufweisen! Wenn SVERWEIS() erfolglos sucht, kommt als Ergebnis der zum Suchbegriff nächstkleinere Wert zurück. Das führt ohne Warnung zu einem falschen Ergebnis. Ein Suchbegriff kleiner als der kleinste Wert im Suchbereich (hier: die erste Spalte) liefert den Fehlerwert **#NV**. Sie können mit folgender **Erweiterung** der Tabelle "Bestellung" die Richtigkeit der Warennummer prüfen: Die Funktion DBMAX() ermittelt die höchste Artikelnummer. Legen Sie eine Hilfsspalte (unten: Spalte F) mit der Prüfformel "=WENN (UND (0<$A6; $A6 <= $F$3); $A6; NV())" an. Liegt die Artikelnummer außerhalb des Erlaubten, dann erscheint die Fehlermeldung **#NV**.

	F	G
5	*Hilfsfeld*	<== Datenbankbereich
6	5	<== =WENN(UND(0<$A6;$A6<=$F$3);$A6;NV())
7	6	

Siehe auch: SVERWEIS(), VERWEIS() und WVERWEIS() (Rezepte 85ff) sowie zum Thema "Datenbank" im Anhang.

Eine Ihrer Tabellen enthält einen Bereich, den Sie als kleines Lexikon für mehrfach und verschiedentlich gebrauchte Daten verwenden wollen. Sie haben in der ersten Spalte Suchbegriffe eingegeben und parallel dazu eine oder mehrere andere Spalten, in denen irgendwelche Werte stehen, auf die Sie zugreifen wollen.

EXCEL stellt für die komfortable Einrichtung der Verweistabelle eine Reihe von Funktionen zur Verfügung, insbesonders INDEX(), VERWEIS() und VERGLEICH() (siehe die Rezepte 83 und 87f).

Aufbau der Verweistabelle: Spalte 1 enthält den Suchbereich. Der Inhalt der Werte im Suchbereich muß aufsteigend geordnet sein. Die übrigen Spalten auf gleicher Höhe rechts daneben enthalten die Ergebniswerte, die den Werten im Suchbereich zugeordnet sind.

Zugriff auf die Verweistabelle: In der Zelle, in die EXCEL einen Wert aus der Verweistabelle einfüllen soll, steht die Formel "**=VERWEIS (Suchkriterium; Suchvektor; Ergebnisvektor)**". Lies: "Suche mit dem 'Suchkriterium' im 'Suchvektor' (das ist der Suchbereich); war die Suche erfolgreich, dann liegt das Ergebnis auf der Höhe der gefundenen Zeile im 'Ergebnisvektor'."

D4 | =(B4="J")*C4*VERWEIS(A4;Bezeichnung;Wert)

	A	B	C	D	E	F	G
1		Berechnung				Verweistabelle	
2	Bezeichnung	trifft zu J/N	Menge	Wert		Bezeichnung	Wert
3	Typ eins	J	2	90.000		Typ drei	63.000
4	Zusatz A	N	1	0		Typ eins	45.000
5	Zusatz C	J	3	6.600		Typ zwei	56.000
6	Typ drei	J	2	126.000		Zusatz A	4.500
7	Zusatz B	J	4	21.200		Zusatz B	5.300
8	Zusatz C	J	4	8.800		Zusatz C	2.200
9							

Das Beispiel oben zeigt, wie die Werte in der Spalte D mit Hilfe der Formel "= (B4="J") * C4 * VERWEIS (A4; Bezeichnung; Wert)" berechnet werden. Mit "Bezeichnung" sind die Zellen F3 bis F8 und mit "Wert" die Zellen G3 bis G8 in der Verweistabelle rechts benannt. Eine zusätzliche Steuerung ergibt sich noch aus dem Eintrag von "J" oder "N" in der Spalte B (siehe dazu auch: "Mit logischen Werten rechnen", Rezept 66).

Komplexe und nicht mehr auf einen Blick durchschaubare Rechenblätter erfordern Hilfsmittel besonders beim Entwickeln und Testen der Formeln. Daher ist es sinnvoll, rechts neben der letzten Spalte - getrennt durch einen Seitenumbruch - die zusammengesetzten Formeln in Schritte zu teilen, sodaß die Ergebnisse leicht kontrollierbar sind. Ein Rechenblatt kann rasch zu einem verwirrenden Zahlenfriedhof werden - daher sind Prüfpunkte und Kontrollwerte sehr wichtig!

Überlegen Sie, ein eigenes Rechenblatt nur mit den Verweistabellen einzurichten und mit externen Bezügen zuzugreifen. Dies beeinträchtigt Übersicht und Handhabung keineswegs. Der Vorteil: Wenn Sie auf diese Verweistabellen von mehreren Rechenblättern aus zugegreifen wollen, so ist diese Datenorganisation besser. Die Referenzdaten sind in einer neutralen Datei gespeichert. (Vgl. dazu das relationale Konzept von Datenbanken wie ORACLE.)

Sie haben ein Makroprogramm erstellt. EXCEL soll es beim Starten gleich laden und verfügbar halten, so wie dies bei SOLVER, Ansicht, Kreuztab usw. der Fall ist.

Laden Sie Ihre Makrovorlage und wählen Sie *DATEI - Speichern unter ...* . Stellen Sie im Auswahlfenster "Dateiformat" die Art "Zusatz" ein. Sie können die Makrovorlage in jedem beliebigen Verzeichnis ablegen. Durch das Format "Zusatz" erhält die Datei die Endung "XLA".

Wählen Sie jetzt *OPTIONEN - Add-in-Manager ...* , ein Zusatzprogramm, das EXCEL beim ersten Mal lädt (ADDINMGR.xla aus \EXCEL\MAKRO). Das gleichnamige Dialogfenster zeigt eine Liste aller bereits beim Start geladenen und direkt verfügbaren Makros. Nehmen Sie Ihre Makrovorlage mit der Funktion *Hinzufügen ...* auf. Es öffnet sich das bekannte Dialogfenster "Datei öffnen" mit dem Filter "*.xla; *.xll" für die Dateinamen. Sie wählen wie gewohnt aus. Nach dem Bestätigen und Verlassen des Add-in-Managers wird Ihr Zusatzmakro künftig auch beim Starten geladen (nach Maßgabe des Speicherplatzes). Das Beispiel unten zeigt zwei stets verfügbare Makros, die über eine individuelle Symbolleiste aufgerufen werden können.

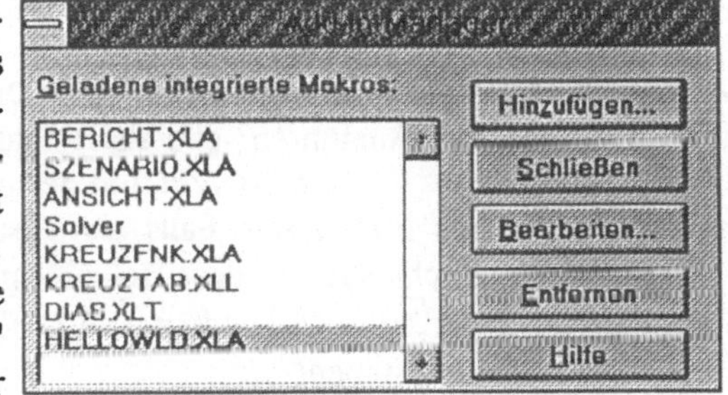

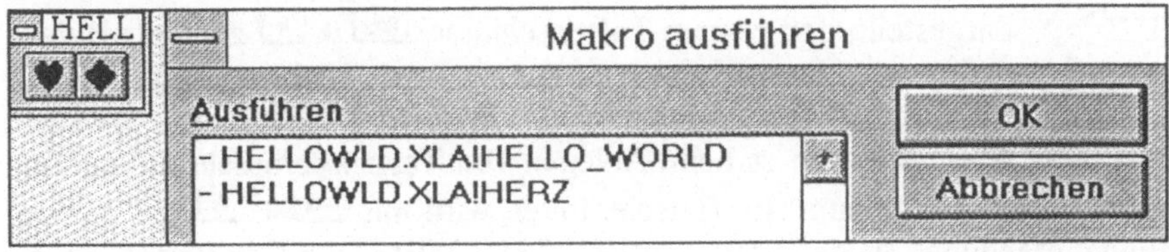

Sie haben ein Makroprogramm geschrieben und wollen sich von seiner Funktionstüchtigkeit und Fehlerfreiheit überzeugen.

Sie führen mit dem Programm Testläufe durch. Dabei sollte Ihnen bewußt sein, daß Tests immer nur die Anwesenheit, nie jedoch die Abwesenheit von Fehlern beweisen können[1].

Laden Sie die Makrovorlage mit dem zu testenden Programm. Falls das Programm sofort beim Starten die Anweisungen abzuarbeiten beginnt, so halten Sie beim Laden die Taste ⇧ fest.

Wählen Sie *MAKRO - Ausführen ...* . Das Dialogfenster "Ausführen" zeigt im Auswahlfenster "Ausführen" alle als Befehl definierten Namen (mit: *NAMEN - Festlegen ...*, Option *"Befehl"*) in der oder den geladenen Makrovorlage(n) - siehe das Bild unten. Falls ein Tastenschlüssel festgelegt wurde, erscheint dieser Buchstabe vor dem Befehl. Im Bild unten z. B. "A", was die Tastenkombination Strg + A bedeutet. EXCEL unterscheidet hier zwischen Groß- und Kleinbuchstaben!

Starten Sie das Programm mit OK oder Schritt. EXCEL arbeitet das Makroprogramm bis zu jener Anweisung "RÜCKSPRUNG()" ab, die zu keinem übergeordneten, aufrufenden Programm mehr führt.

Mehrdeutiger Tastenschlüssel: Im Bild unten ist die Situation dargestellt, daß es zum Tastenschlüssel Strg + A zwei als Befehl definierte Namen gibt; einmal in der Makrovorlage "EIN-MELD.xlm" und das zweite Mal in "HAUPTPRG.xlm". EXCEL kann nicht überprüfen, ob es beim Anlegen von Tastenschlüsseln zu solchen Mehrdeutigkeiten kommt. Im Beispiel unten wird mit Strg + A das Makro "EingabeMedung" in der Makrovorlage "EIN-MELD.xlm" gestartet, da es vor den Eintrag "HAUPTPROG.XLM!A..Start" gereiht ist.

---

1 Der holländische Informatiker DIJKSTRA stellte 1972 diese bisher unwidersprochene These auf.

Beliebiger Startpunkt: Das Dialogfenster "Ausführen" bietet mit dem Eingabefeld "Bezug" die freie Angabe jener Zelle, ab der EXCEL mit dem Abarbeiten eines Makroprogramms beginnen soll. Sie sind also nicht an das Definieren eines Namens mit der Option "Befehl" gebunden; dies unterstützt das Testen angenehm. Sie können auch die Zelle markieren anschließend die Funktion *MAKRO - Ausführen* ... aufrufen.

Schrittweises Durchlaufen: Das Dialogfenster "Ausführen" bietet auch ein schrittweises Durchgehen der Makroanweisungen an. Dabei zeigt das Fenster stets den momentanen Stand in der Durchführung und die stufenweise Auflösung aller Bezüge und Berechnungen. Sie können jederzeit mit *Stop* abbrechen; andernfalls endet der Durchlauf bei der nächsten RÜCKSPRUNG()-Anweisung.

Sie können die Funktion **EINZELSCHRITT()** beliebig in ein Makroprogramm eingefügen; sie bewirkt das gleiche wie die oben beschriebene Option "Schritt".

Ihr Makroprogramm enthält ein Unterprogramm, an das Sie einen Wert übergeben. Zur Sicherheit wollen Sie feststellen, ob die übergebene und erwartete Variable vom Datentyp her zusammenpassen. Liegt dieser Fehler vor, dann wollen Sie die Ausführung des Makros sofort abbrechen.

Die aus der Typenungleichheit entstehende Fehlermeldung ist "**#Wert!**". Das können Sie mit der Funktion ISTFEHLER() abfragen.

	A
60	FEHLERABFRAGE
61	=ARGUMENT("Argument1"); <Datentypnummer>; <Bezug>)
62	=WENN(ISTFEHLER(A61))
63	= WARNUNG("Fehler beim Aufruf des Unterprogramms!";2)
64	= RÜCKSPRUNG(9)
65	=WENN.ENDE()
66	= ...

RÜCKSPRUNG(9) beendet das aufgerufene (Unter-)Programm und gibt ans aufrufende (Haupt-)Programm den Wert 9 zurück. Dadurch können Sie dort entscheiden, was weiter geschehen soll. Meist wird es keinen Sinn haben, einen so grundlegenden Fehler zu übergehen. Die Anweisung WARNUNG() erzeugt folgende Nachricht:

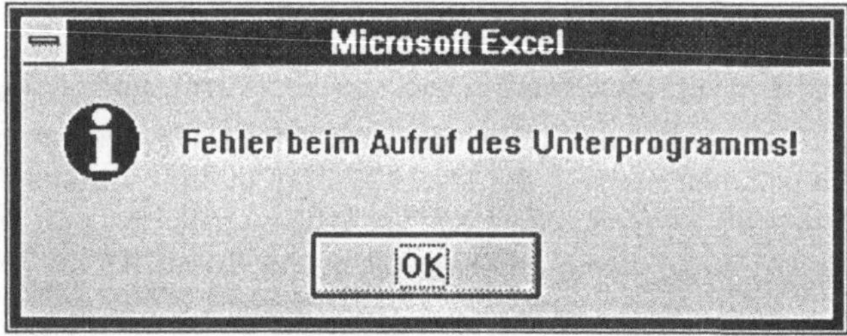

(Siehe auch die Aufstellung im Rezept "FUNKTIONEN: Informationen gewinnen", Rezept 84)

Die einzelnen Funktionen Ihres Programmsystems sind getrennt ablauffähige Unterprogramme, um Erstellung, Test, Wartung und Übersichtlichkeit zu erleichtern. Für den Aufruf dieser Unterprogramme benötigen Sie ein gemeinsames "Dach", ein Steuer- oder Hauptprogramm, das die Aufrufe, Ergebnisabfragen, Menüs und Ablaufsteuerung durch Entscheidungen und Wiederholungsschleifen enthält.

Das Beispiel unten zeigt ein einfaches Gerüst für ein solches Steuerprogramm:

Die Zelle A2 ist mit "A..Start" benannt und als Makrobefehl definiert; der Text in A2 ist nur zur Information und sonst funktionslos.

	A
1	HAUPTPROGRAMM:
2	A..Start
3	=AUSBLENDEN()
4	=ECHO(FALSCH)
5	=WERT.FESTLEGEN(ReturnCode;0)
6	**=A.Laden()**
7	=WENN(A6<>0;GEHEZU(Ende))
8	——— *Beginn Hauptschleife* ———
9	=SOLANGE(WAHR)
10	**=A.Prog01()**
11	=WENN(A10<>0;ABBRECHEN())
12	= ...
13	=WEITER()
14	——— *Ende Hauptschleife* ———
15	**=A.CloseStop()**
16	=RÜCKSPRUNG()
17	*ENDE HAUPTPROGRAMM*

A..START: Startzelle des Hauptprogramms; dieser Zelle ist der Name "A..START" zugeordnet. EXCEL braucht diese Zuordnung als Startadresse für jedes Programm der Makrovorlage (mit: *FUNKTION - Namen festlegen* ...).

AUSBLENDEN(), ECHO (FALSCH): Das aktive Fenster (das ist das Makroprogramm) wird ausgeblendet und die Aktualisierungen des Bildschirms durch das Makro sind abgeschaltet. Beide Befehle beschleunigen den Ablauf.

WERT.FESTLEGEN(): Einer Zelle in der Makrovorlage ist der (frei vergebbare) Variablenname "ReturnCode" zugeordnet. Anhand eines Antwortwertes aus dem Unterprogramm kann das aufrufende Programm eine Störung erkennen (z. B. wenn der Wert > 0 ist).

A.Laden(): Unterprogrammaufruf: Es läd alle für das Programmsystem erforderlichen Tabellen in den Hauptspeicher geladen. Sie stehen ab jetzt zur Verfügung.

WENN(A6<>0; GEHEZU (Ende)): Abfrage, ob das Unterprogramm A.LADEN() [Aufruf in Zelle A6] einen Wert ungleich Null (durch die Anweisung RÜCKSPRUNG()) in die Zelle des Aufrufs zurückbringt. Wenn ja, dann liegt eine Störung vor.

GEHEZU(Ende): Verzweigung zur Zelle mit dem Namen "Ende"; hier die Zelle A15. Die Verarbeitung soll mit dem Unterprogramm A.CloseStop() fortfahren.

SOLANGE (WAHR) ... **WEITER()**: Hauptverarbeitungsschleife; wird durch die (bedingt auszuführende) Anweisung **ABBRECHEN()** wieder verlassen.

A.CloseStop(): Unterprogrammaufruf; es speichert alle Tabellen ab, schließt sie, entfernt die Menüleisten und zeigt die EXCEL-Hauptmenueleiste wieder an usw. Ein "Aufräumkommando" also.

RÜCKSPRUNG(): Endemarke eines jeden Programms oder Unterprogramms; daher muß diese Anweisung stets vorhanden sein!

Sie wollen Ihre Makrovorlage mit Grundeinstellungen und Formatierungen zur besseren Übersichtlichkeit versehen und diese als Mustervorlage stets verfügbar haben.

Bringen Sie mit *DATEI - Neu - Makrovorlage* eine neue Makrotabelle auf den Bildschirm. Die "Internationale Makrovorlage" wird hauptsächlich dann benötigt, wenn ein(e) Makro(sammlung) unter verschiedensprachigen EXCEL-Versionen ablaufen soll. EXCEL stellt nun eine Tabelle mit dem (vorläufigen) Namen "Makro1" zur Verfügung.

Wählen Sie *DATEI - Seite einrichten.* und geben Sie in Kopf- oder Fußzeile Hinweise wie Tagesdatum ("&D") und Dateiname ("&N") ein. Aktivieren Sie die Optionen "Zeilen- und Spaltenköpfe" und "Gitternetzlinien". Beide Optionen sind beim Ausdruck hilfreich, da die Position eines jeden Eintrags sofort ersichtlich ist.

Wenn der Drucker(treiber) dazu geeignet ist, wählen Sie unter "Format" die Option "*Querformat*". Andernfalls stellen Sie den Drucker mit *DATEI - Druckerkonfiguration ... - Einrichten ...* entsprechend um. Da im Gegensatz zu den üblichen Tabellen im Makro wesentlich mehr Text in den Zellen steht, ist der Querdruck von Vorteil.

Dann wählen Sie *FORMAT - Formatvorlage ...* - Standard. Wenn der Drukker über eine gut leserliche, kleine Schrift verfügt, so ist es sinnvoll, die Schriftart von "Helv 10" auf "Helv 8" herabzusetzen. Da die Schriftfamilie Helvetica (hier: "Helv" genannt) ein sehr klares (sogenanntes serifenloses) Schriftbild hat, sollte diese Schrift verwendet werden. Legen Sie sich in der Formatvorlage Definitionen für Befehle, Makronamen, Überschriften usw. zurecht; sie sollten aus dem Text hervorstechen. Siehe die Rezepte zur Druckformatvorlage, 7ff.

Wählen Sie *FENSTER - Neues Fenster*. EXCEL stellt nun die gezeigte Tabelle ("Makro1") in zwei Fenstern dar, "Makro1:1" und "Makro1:2". Das <u>Fenster 1</u> ist für die Eingabe Ihrer Befehle und sonstige Texte vorgesehen.

Im Gegensatz zu einem Rechenblatt ist die Makro-Tabelle von Anfang an in der Formel-Darstellung. Beim Ablauf eines Makros erzeugen die Formeln verschiedene Werte oder auch Fehlermeldungen. Dafür ist das Fenster 2 gedacht. Schalten Sie es mit [Strg] + [#] in die Wertedarstellung um. Dadurch können Sie beliebige Stellen der Makros direkt und parallel zu den Anweisungen hinsichtlich der errechneten Werte überwachen. Treten Fehler auf und Sie klicken die Option "Gehe zu" an, so springt der Cursor in das Fenster 1 und dort zu der fehlerhaften Anweisung. Gehen Sie anschließend in das Fenster 2 zur gleichen Zelle, so sehen Sie die Art des Fehlers und die Werte aus den davor ausgeführten Befehlen.

Speichern: Wählen Sie *DATEI - Speichern unter ...* und vergeben als Namen z. B. "MAC00". Sie müssen die Tabelle ins Verzeichnis: \EXCEL\XL-START abspeichern. Stellen Sie beim Speichern die Option Dateiformat auf "Mustervorlage" ein. Mit "Sicherungsdatei erstellen" legt EXCEL den letzte Zustand Ihrer Datei vor der Änderung unter *.BAK ab. Vergeben Sie bei Bedarf auch ein Kennwort zum Schutz vor Zugriffen überhaupt oder nur ein Schreibschutz-Kennwort zum Schutz vor Veränderungen. Durch die Option "Mustervorlage" legt EXCEL die Tabelle mit dem obigen Namen als "*.XLT"-Datei ab. Nun (bei EXCEL 3 erst nach dem nächsten Start) steht dieses Muster mit dem vergebenen Namen als Option im Dialogfenster von DATEI - Neu zur Verfügung.

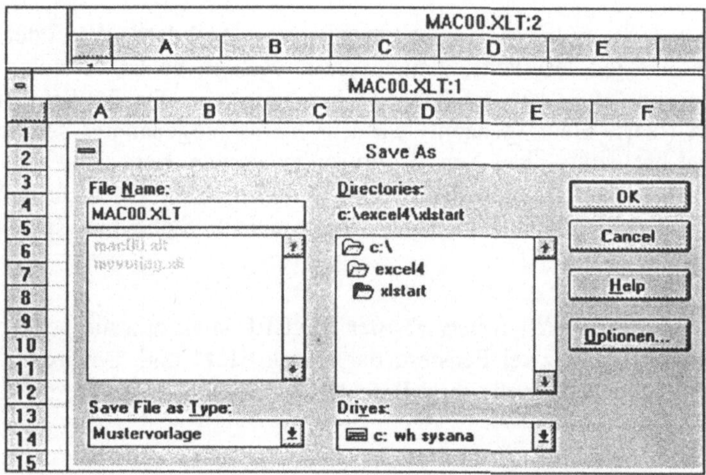

Makrovorlage einrichten (3)

Platzeinteilung: Teilen Sie Ihre Makrovorlagen stets in gleicher Weise ein, um die Übersichtlichkeit zu bewahren. Reservieren Sie z. B.:

- die Spalten **A** und **B** für Makroanweisungen und Kommentare daneben. Die ersten Zeilen dieser beiden Spalten geben einen gerafften Überblick über die Makroprogramme und deren Funktionen.

- die Spalten **C** und **D** für Variablen und deren Namen. Spalte C enthält den Namen als Text, daneben der so bezeichnete Speicherplatz. Hier ist auch Platz, um sich Zwischenergebnisse für Test und Kontrolle anzeigen zu lassen.

- die Spalten **E bis I** für die Menüs, sofern sie nicht in einer eigenen Makrovorlage gesammelt untergebracht sind.

- die Spalten **J bis Q** für die achtspaltige Dialogmaske.

Ab Spalte **S** ist Platz für Verschiedenes. WÄhlen Sie z. B. *FORMEL - Namen einfügen* ... . EXCEL erzeugt eine vierspaltige, alphabetisch geordnete Liste mit allen Namen.

Sie erleichtern ein gezieltes und geordnetes Ausdrucken durch Einfügen von gewollten Seitenwechseln z. B. nach den Spalten D, I und S (mit: *OPTIONEN - Seitenwechsel festlegen*) und / oder Definieren eines Druckbereichs (mit: *OPTIONEN - Druckbereich festlegen*).

A B C D E F G H I J K L M N O P Q R S

Makroanweisungen und Kommentare

Variable und Namen

Menübereich

Bereich der Dialogmaske

Namensliste, Sonstiges

Sie wollen durch fortgesetztes Abfragen eine Entscheidung treffen. Von den zur Auswahl stehenden Möglichkeiten trifft nur eine zu; sobald eine davon zutrifft, brauchen die übrigen nicht mehr beachtet werden.

Die Mehrfachentscheidung ermöglicht ein Abfragen dieser Art. EXCEL führt nur die Anweisungen durch, die zur **ersten** mit JA (= "WAHR()") beantworteten Entscheidung gehören. Dagegen wird bei mehreren einfachen Abfragen hintereinander jede einzelne Entscheidung berechnet und die Anweisungen dem Ergebnis entsprechend durchgeführt oder übergangen.

Bildlich umgesetzt entspricht dieses Programmelement einer Reihe von Schächten, wobei überall dort der Deckel offen ist, wo die Entscheidung mit JA beantwortet wird. Eine daran vorbeirollende Flipperkugel fällt daher beim ersten geöffneten Schachtdeckel hinein: d. h., die Anweisungen darin werden abgearbeitet und sonst keine. Dahinterliegende, offene Schachtdeckel bleiben unberücksichtigt.

	A
69	MEHRFACHENTSCHEIDUNG
70	
71	10
72	
73	=WENN(A71=0)
74	......
75	=SONST.WENN(A71=5)
76	......
77	=SONST.WENN(A71=10)
78	......
79	=SONST()
80	......
81	=ENDE.WENN()

Die Kugel rollt ins letzte SONST(), wenn kein Deckel offen war. Dieser Zweig muß nicht vorhanden sein. In diesem Falle setzt die Verarbeitung gleich nach dem ENDE.WENN() fort.

Insgesamt entspricht auch dieses Konstrukt den Regeln der **strukturierten Programmierung**: Eintritt oben - Verzweigung gemäß der Entscheidung - Ausgang unten.

Sie haben Makroprogramme erstellt und wollen die einzelnen Funktionen über einen Eintrag in einer Menüleiste (zweiter Balken von oben im Fenster) zugänglich machen.

Ein individuell programmiertes Menü setzt sich aus drei Elementen zusammen: (1) die Aufrufbefehle; (2) der Menübezug und (3) die im Menü aufrufbaren Makroprogramme.

Die **Aufrufbefehle:** Das Beispiel unten zeigt den Aufbau einer eigenen Menüleiste mit sechs Menünamen in der Form eines aufrufbaren Makroprogramms (im Beispiel "MENUE_00").

MENÜLEISTE.EINFÜGEN() ergibt die aktuelle Kennummer (zwischen 7 und 21), auf die sich die folgenden Befehle beziehen.

MENÜ.EINFÜGEN (Kenn-Nummer; Menübezug; Position) fügt in die Menüleiste mit der angegebenen Kenn-Nummer einen Menüpunkt ein; mit "Position" läßt sich eine Reihung vornehmen. Der **Menübezug** ist ein Zellbereich, der weitere Informationen für den Menüaufbau enthält (siehe unten). Im Beispiel verweist der Name "menü_00" auf die Zelle A3, die die Kenn-Nummer enthält. "Menübezug" kann auch ein externer Bezug sein.

Anweisungen wie **MENÜ.EINFÜGEN()** oder - das Gegenstück dazu - **MENÜ.LÖSCHEN()** können auch beliebig einzeln in einem Makroprogramm stehen; sie beziehen sich auf die gerade aktuelle Menüleiste und verändern sie sofort.

MENÜLEISTE.ZEIGEN(Kenn-Nummer) zeigt eine von EXCEL vordefinierte oder eine individuell erstellte Menüleiste.

Die Menüleisten mit den Kenn-Nummern 1 bis 6 sind fix vordefiniert. Sie können jede dieser Leisten durch Makrobefehle frei verändern, individuelle Leisten hinzufügen und die Befehle in den Menüs situationsangepaßt gruppieren.

A8 =MENÜ.EINFÜGEN(menü_00;'C:\EXC-KURS\KURS03\MENU-DEF.XLM'!EXTERNES_Menue_10)

	A	B
1	MENUE.XLM:	Makro ^a: Eine Menüstruktur
2	Menü_00	Neue Menüleiste
3	=MENÜLEISTE.EINFÜGEN()	Menü aus dem Bereich einfügen
4	=MENÜ.EINFÜGEN(menü_00;Menü1)	Menüleiste mit neuen Menüs bestücken
5	=MENÜ.EINFÜGEN(menü_00;Menü2)	
6	=MENÜ.EINFÜGEN(menü_00;Menü3)	
7	=MENÜ.EINFÜGEN(menü_00;MenüEnde)	
8	=MENÜ.EINFÜGEN(menü_00;'C:\EXC-KURS\KURS03\	
9	=MENÜ.EINFÜGEN(menü_00;'C:\EXC-KURS\KURS03\	
10	=MENÜLEISTE.ZEIGEN(menü_00)	Menüleiste einblenden
11	=RÜCKSPRUNG()	

Zusammen mit den Definitionen des Menübezugs (dazu unten) sieht das Ergebnis des Individualmenues dann so aus:

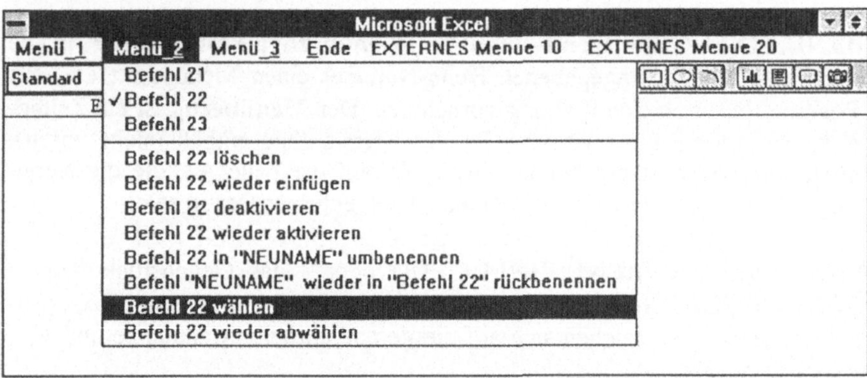

Die angeführten Befehle unter dem Strich weisen auf die Manipulationsmöglichkeiten hin. Das Häkchen vor "Befehl22" ist z. B. durch die Funktion "BEFEHL.WÄHLEN()" dort eingetragen worden.

Sie haben nur wenige individuelle Makrobefehle, für die Sie keine eigene Menüleiste erstellen möchten. Ein Erweitern der Menüpunkte in der von EXCEL vorgegebenen Menüleiste genügt.

Das Makroprogramm "Menü_01" im Beispiel unten zeigt Ihnen eine individuelle Erweiterung einer von EXCEL vorgegebenen Menüleiste um die sechs Menüpunkte des obigen Beispiels. Der dritte Parameter der Funktion "MENÜ.EINFÜGEN()" bestimmt die Reihenfolge der Menüs. Das "Menü1" soll an erster, "Menü2" an fünfter Stelle in die originale EXCEL-Menüleiste eins eingefügt werden (Anweisungen in den Zeilen 15 und 16).

```
13 Menü_01
14 =MENÜLEISTE.ZEIGEN(1)
15 =MENÜ.EINFÜGEN(1;Menü1;1)
16 =MENÜ.EINFÜGEN(1;Menü2;5)
17 =MENÜ.EINFÜGEN(1;Menü3)
18 =MENÜ.EINFÜGEN(1;MenüEnde)
19 =MENÜ.EINFÜGEN(1;'C:\EXC-KURS\KURS03\MENU-DEF.XLM'!EXTERNES_Menue_10)
20 =MENÜ.EINFÜGEN(1;'C:\EXC-KURS\KURS03\MENU-DEF.XLM'!EXTERNES_Menue_20)
21 =RÜCKSPRUNG()
```

Und hier das Ergebnis: EXCEL erweitert die Menüzeile selbsttätig, wenn die Textierung nicht in eine Zeile paßt.

Microsoft Excel - MENUE.XLM
Menü_1 Datei Bearbeiten Formel Menü_2 Format Daten Optionen Makro
Fenster Menü_3 Ende EXTERNES Menue 10 EXTERNES Menue 20 ?

Ihr Makro-Programm enthält bereits die notwendigen Anweisungen für die Menüleiste. Jetzt benötigen Sie noch eine Steuertabelle, die das Anklicken eines Menüpunktes mit einem Makroaufruf sowie der Hilfe-Informationsdatei verbindet.

Der Menübezug besteht aus einem Zellbereich über fünf Spalten und wenigstens zwei Zeilen. Von den fünf Spalten sind die beiden ersten die wichtigsten; sie enthalten die Menütextierung (im Beispiel unten: Spalte C, Zeilen 24 bis 35) und die darunter aufzurufenden Makroprogramme (unten: Spalte D, gleiche Zeilen). Die Makroaufrufe erfolgen über definierte Namen, die Bezüge inner- und außerhalb der aktuellen Makrovorlage sein können.

Im Beispiel unten ist den Zellen C23 bis G35 der Name "Menü2" zugewiesen. Im Befehl "=MENÜ.EINFÜGEN (menü_00; Menü2)" ist dieser Name ein Parameter. Die erste Zelle der ersten Zeile im Menübezug (hier: die Zelle C23) enthält den Menünamen, wie er im Menü gezeigt werden soll (siehe übernächstes Bild). Dieser Zelle sollte man auch einen Namen zuordnen (hier: "Menü2Name"), wenn man die Befehlsliste manipulieren will (siehe nachfolgenden Ausschnitt aus dem Mustermakro).

	C	D	E	F	G
19	**Menuetabelle:**	**Makroname**		**Infotext Statuszeile**	**Hilferefere**
20	Menuename	==> NAMEN!!			
21	Auswahlpunkte	(Sprungadresse)			
22					
23	**Menü_&2**				
24	Befehl 21	Mprog.xlm!prog21		Befehl 21	Menue.hlp!1
25	Befehl 22	Mprog.xlm!prog22		Befehl 22	Menue.hlp!1
26	Befehl 23	Mprog.xlm!prog23		Befehl 23	Menue.hlp!1
27	-				
28	Befehl 22 löschen	Menue.xlm!B_löschen		Befehl 22 löschen	Menue.hlp!1
29	Befehl 22 wieder einfügen	Menue.xlm!B_einfügen		Befehl 22 wieder einfügen	Menue.hlp!1
30	Befehl 22 deaktivieren	Menue.xlm!B_deaktivieren		Befehl 22 deaktivieren	Menue.hlp!1
31	Befehl 22 wieder aktivieren	Menue.xlm!B_aktivieren		Befehl 22 wieder aktivieren	
32	Befehl 22 in "NEUNAME" ur	Menue.xlm!B_umbenennen1		Befehl 22 in "NEUNAME" un	
33	Befehl "NEUNAME" wiede	Menue.xlm!B_umbenennen2		Befehl "NEUNAME" wieder	
34	Befehl 22 wählen	Menue.xlm!B_wählen		Befehl 22 wählen	
35	Befehl 22 wieder abwählen	Menue.xlm!B_abwählen		Befehl 22 wieder abwählen	

Menüleisten entfernen (1) 115

Vor der Rückkehr zur Standardumgebung von EXCEL im Testbetrieb oder am Ende Ihres Hauptprogramms wollen Sie die individuell definierten Menüleisten und -punkte wieder entfernen.

EXCEL verwaltet zu einem Zeitpunkt insgesamt **21** Menüleisten; davon sind die ersten <u>sieben</u> bereits durch EXCEL-eigene vorgegeben. Der erste Aufruf der Funktion MENÜLEISTE.EINFÜGEN() gibt also den Wert 8 zurück. Das Makro "ende_00" (siehe Beispiel unten) entfernt in einem Zuge alle individuell angelegten Menüleisten.

	A
24	ende_00
25	=MENÜLEISTE.ZEIGEN(1)
26	=FEHLER(FALSCH)
27	=WERT.FESTLEGEN(Zähler;8)
28	=SOLANGE(WAHR)
29	= ISTFEHLER(MENÜLEISTE.LÖSCHEN(Zähler))
30	= WENN(A29;ABBRECHEN())
31	= WERT.FESTLEGEN(Zähler;Zähler+1)
32	=WEITER()
33	=FEHLER(WAHR)
34	=RÜCKSPRUNG()

MENÜLEISTE.ZEIGEN (1): Diese Anweisung schaltet zur ersten EXCEL-Menüleiste (zugleich die Grundeinstellung) um.

FEHLER (FALSCH) unterdrückt generell die EXCEL-Fehlermeldungen; hier jene, die bei Ausführung der Anweisung MENÜLEISTE:LÖSCHEN() (Zeile 29) entsteht, wenn keine löschbare Menüleiste mehr da ist. Aktivieren Sie zur eigenen Sicherheit diese Fehleranzeige wieder durch "FEHLER(WAHR)" (Zeile 33).

WERT.FESTLEGEN(Zähler;8): Eine freie Zelle in der Makrovorlage erhielt den Namen "Zähler" zugewiesen; sie wird jetzt mit dem Wert 8 belegt.

MENÜLEISTE.LÖSCHEN(Zähler) bewirkt das Löschen der Menüleiste, die durch den Wert in "Zähler" bezeichnet wird. Ist unter dem übergebenen Wert keine Menüleiste (mehr) angelegt, so kommt der Fehlerwert "#WERT!" zurück. Zur Fehlermeldung siehe unten.

ISTFEHLER(...) ist WAHR, wenn die Löschanweisung nicht durchgeführt werden kann. Dies ist gleichzeitig die Bedingung zum Beenden der Endlosschleife "SOLANGE(WAHR)" durch die Anweisung "ABBRUCH()".

Zur Fehlermeldung "**Kann kein weiteres Menü hinzufügen**": Der von EXCEL intern bei jedem Aufruf der Funktion "MENÜLEISTE.EINFÜGEN" mitgeführte Zähler hat das Maximum von 21 überschritten. Daher müssen Sie nicht mehr benötigte Menüleisten sofort wieder durch "MENÜLEISTE.LÖSCHEN()" entfernen.

Zur Fehlermeldung: "**Kann eingebaute oder aktive Menüleisten nicht löschen**": "Eingebaute" bezieht sich auf die sieben von EXCEL fix vordefinierte Menüleisten. Diese Fehlermeldung erscheint auch bei der Übergabe eines nicht belegten oder nicht möglichen Wertes an die Funktion "MENÜLEISTE.LÖSCHEN". Die Zelle enthält den Fehlerwert "**#WERT!**".

Beim Experimentieren mit den Menüleisten kann es leicht passieren, daß man sich den Menüpunkt "MAKRO" ausblendet und sich damit vom Starten weiterer Makroanweisungen zum Wiederherstellen des Grundzustandes abschneidet. Vor dem ersten Probieren sollte man sich den unten gezeigten Dreizeiler in die Makrovorlage schreiben, wobei "Notausstieg" als Befehlsname definiert <u>und</u> zugleich mit einem Tastaturschlüssel aufrufbar ist; z. B. mit [Strg] + [N].

45	**Notausstieg**
46	=MENÜLEISTE.ZEIGEN(1)
47	=RÜCKSPRUNG()

Sollte dies nicht funktionieren, so muß man die Makrovorlage schließen und erneut öffnen. Hat man sich aus dem von EXCEL definierten Hauptmenue 1 den Menüpunkt "Makro" entfernt, so hilft "MENÜLEISTE.EINFÜGEN(1)" auch nicht weiter, sondern nur Schließen und Neustarten von EXCEL.

EXCEL benötigt ein Erkennungsmerkmal, ab welcher Zelle ein Unterprogramm beginnt und wo es endet. Die Beginnmarke ist eine besonders benannte Zelle, das Ende kennzeichnet die Funktion "RÜCKSPRUNG()".

Im Bild unten ist der Name A.Laden gezeigt, der der Zelle A29 zugeordnet ist. Im Dialogfenster "Namen festlegen", Kasten "Makro" ist die Option "*Befehl*" gewählt. Damit erkennt EXCEL beim Abarbeiten des Makroprogramms, daß es die auszuführenden Befehle beim Aufruf A.LADEN() ab Zelle A29 findet. Dort wird die Verarbeitung fortgesetzt, bis sie die Anweisung "=RÜCKSPRUNG()" trifft. Daraufhin geht die Verarbeitung in der Zelle nach "=A.Laden()" weiter.

Hinweis: Der Text "A.Laden()" selber in der Zelle A29 er ist nur Kommentar.

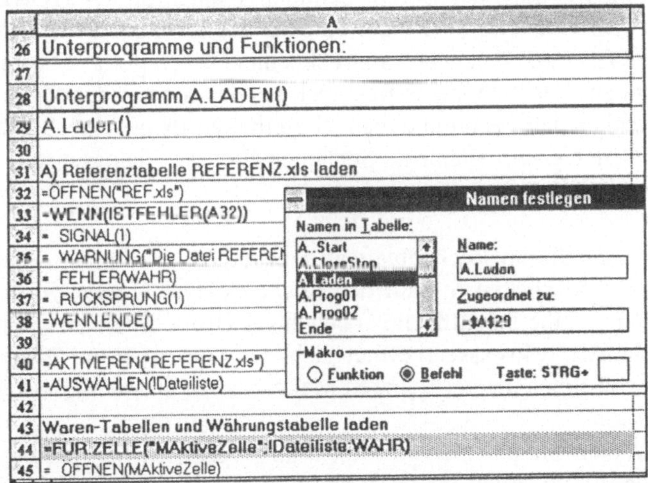

Zur **Namensvergabe**: In der Namensliste stehen alle in der Makrovorlage definierten Namen alphabetisch. Es ist übersichtlicher, wenn die Programmnamen geschlossen zu Beginn stehen; daher das ungewöhnliche "A." (A Punkt) vor dem eigentlichen Namen.

Ausführen
Ausführen
a HAUPTPRG.XLM!A..Start
z HAUPTPRG.XLM!A.CloseStop
- HAUPTPRG.XLM!A.Laden
- HAUPTPRG.XLM!A.Prog01
- HAUPTPRG.XLM!A.Prog02
OK
Abbrechen
Schritt
Bezug: HAUPTPRG.XLM!A..Start

Sie haben ein Makroprogramm geschrieben und wollen es direkt von einem Rechenblatt aus starten.

EXCEL stellt Ihnen zwei Graphik-Elemente zur Vefgügung, die Sie mit einem Makroaufruf verknüpfen können: (1) eine Schaltfläche, die Teil des Rechenblattes ist und (2) ein Bildchen einer Symbolleiste, das allgemein zugänglich ist.

Die **Schaltfläche**: Sie haben Makrovorlage und Rechenblatt geladen, in dem sich jetzt auch der Cursor befindet. Wählen Sie *OPTIONEN - Symbolleisten ... - Benutzerdefiniert* ... . Klicken Sie im Dialogfenster "Benutzerdefiniert" die Gruppe "Zeichnen" an; rechts daneben zeigt das Fenster "Symbole" in der ersten Reihe ein leeres Rechteck an, das Sie mit der Maus auf das Rechenblatt herunterziehen. Sie erhalten damit eine Symbolleiste mit nur einem Element. Schließen Sie das Dialogfenster "Benutzerdefiniert".

Gehen Sie im Rechenblatt an jene Stelle, an der die Schaltfläche entstehen soll und klicken Sie auf das Rechteck. Der Cursor wird zum Plus (+), mit dem Sie die Schaltfläche in beliebiger Größe zeichnen können. Sobald Sie die Maustaste loslassen, öffnet sich das Dialogfenster "Objekt zuweisen" und bietet Ihnen die verfügbaren Makrobezüge an (siehe Beispiel unten).

Wählen Sie einen Makrobefehl aus, verlassen Sie das Dialogfenster, ändern Sie die vorgeschlagene Beschriftung und verlassen Sie die Schaltfläche, sodaß die Markierung verschwindet. Wenn sie jetzt wieder den Cursor auf die Schaltfläche stellen, wird er zu einem Zeigehändchen und Sie können das Makro durch Anklicken starten.

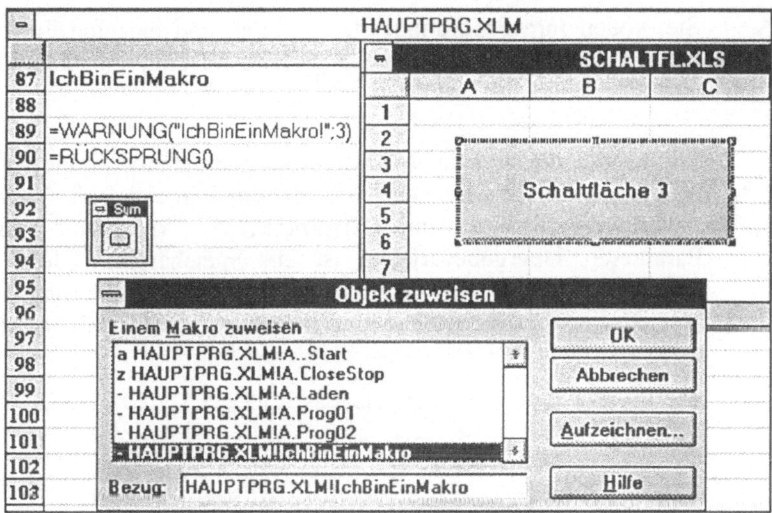

Markieren Sie die Schaltfläche durch [Strg] + Anklicken neuerlich. Die Zuweisung können Sie bearbeiten, wenn Sie *MAKRO - Objekt zuweisen ...* anwählen. Textausrichtung und Schrift sind über das Menü *FORMAT* veränderbar. Die Makrovorlage muß nicht von Anfang an geladen sein; dies besorgt der erste Aufruf.

Wenn Sie Ihr Makro über ein **Symbol** starten wollen, verfahren Sie grundsätzlich gleich wie oben. Im Dialogfenster "Benutzerdefiniert" hingegen wählen Sie die Gruppe "Benutzerdefiniert" (ganz unten) an und ziehen sich eines der Bildchen (im Beispiel die Sprechblase) aus dem Fenster "Symbole" rechts auf die Bildschirmarbeitsfläche. Das Zuweisen des Makrobezuges erfolgt wie oben über das Dialogfenster "Objekt zuweisen".

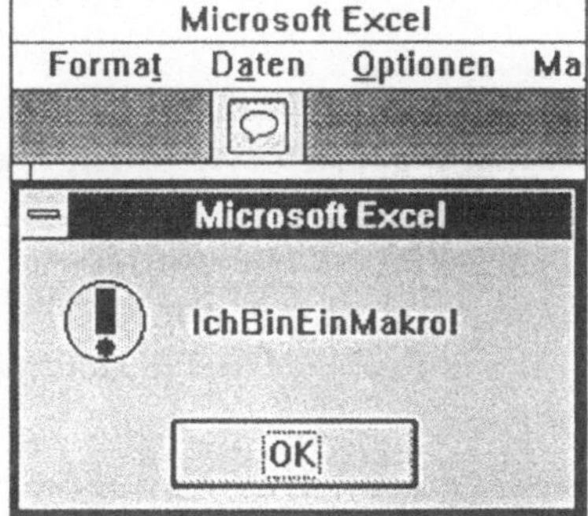

Sie wollen Ihre Programme strukturieren und einzelne Funktionen als separate Programmteile gestalten. Damit erleichtern Sie sich Überblick und Testarbeit.

Sie wenden die sogenannte Unterprogrammtechnik an, indem Sie in einer Zelle Ihre eigenen Makroprogrmamme aufrufen; z. B.: "**=SelbsterstellteFunktion (Argument1)**". "Argument" (auch: Parameter, Übergabevariable) ist ein Speicherplatz, dem das Unterprogramm einen Wert für die Weiterverarbeitung entnehmen kann. Das folgende Beispiel zeigt Ihnen ein Programmgerüst:

	A
50	UNTERPROGRAMM:
51	A.SelbsterstellteFunktion
52	=ARGUMENT("Argument1")
53	=ERGEBNIS(<typzahl>)
54	= ....
55	=RÜCKSPRUNG()
56	*ENDE UNTERPROGRAMM*

A.SelbsterstellteFunktion ist ein informativer Hinweis in der Zelle A51, die auch genau so benannt ist.

=ARGUMENT("Argument1") bewirkt die Verbindung des Unterprogramms zum ersten Argument im Aufruf (von insgesamt 13 möglichen). Beachten Sie die Anführungszeichen!

=ERGEBNIS(<typzahl>) legt fest, welcher Art (z. B. Zahl, Text usw.) der Wert sein soll, den dieses Unterprogramm wieder zurückgibt.

=RÜCKSPRUNG(Ergebniswert): Das Unterprogramm kann einen Ergebniswert in die aufrufende Zelle zurückbringen. Dieser Wert steht Ihnen für weitere Abfragen und Entscheidungen in der gesamten Makrovorlage zur Verfügung.

Die Anweisungen ARGUMENT() und ERGEBNIS() sollen stets die ersten in einem Unterprogramm sein; das ist übersichtlicher und schließt Fehler aus.

Ihr Makroprogramm enthält Schleifen und Unterprogramme. Sie wollen beide Programmteile bei Verarbeitungsende, aber auch unter bestimmten Bedingungen gezielt verlassen.

Ein vorzeitiges Verlassen von Schleifen (mit ABBRECHEN()) und Programmen (mit (RÜCKSPRUNG()) ist möglich. Ferner enthält der Makro-Befehlssatz von EXCEL auch die unbedingte Sprunganweisung GEHEZU(). Beim Anwenden dieser Befehle soll man sich jedoch strikt der Disziplin im Sinne des Verarbeitungsflusses unterwerfen.

	A
21	——— *Beginn Hauptschleife* ———
22	=SOLANGE(<bedingung1>)
23	= ....
24	——— *Beginn Unterschleife* ———
25	= FÜR(<bedingung2>)
26	= ....
27	= WENN(<abbruchbedingung>)
28	= RÜCKSPRUNG(9)
29	= ENDE.WENN()
30	= WEITER()
31	——— *Ende Unterschleife* ———
32	
33	=WEITER()
34	——— *Ende Hauptschleife* ———

Beachten Sie, daß der Befehlstext (Quell- oder Source-Code) selbst auch ein Teil der Dokumentation ist, und Sie ihn daher entsprechend leserlich gestalten sollten. Dazu gehört auch neben einigermaßen verständlichen Variablennamen die Strukturierung des Textes, also Einrücken bei WENN() und SOLANGE() (siehe das Beispiel oben) sowie optisches Eingrenzen der Schleifen durch eine Kommentarzeile.

Im Verlauf eines Makroprogramms wollen Sie die Möglichkeit nutzen, einzelne Daten einzugeben. Diese Eingaben stehen dann für Berechnungen zur Verfügung oder steuern die weitere Verarbeitung.

Die Funktion EINGABE() läßt über vier Parameter folgende Gestaltungsmöglichkeiten zu: Ausgabe eines Hinweistextes, Festlegen des zu akzeptierenden Datentyps, eine Überschrift (Text in der Titelleiste) und eine Vorgabe (Eingabevorschlag).

4	=EINGABE("Wert eingeben";1;"Benutzereingabe";0)
5	=WENN(A4)
6	*hier: Aktion bei positiver Bestätigung*
7	=SONST()
8	*hier: Aktion bei "Abbruch"*
9	=ENDE.WENN()

Im Beispiel rechts wird durch den Parameterwert "1" der Datentyp "Zahl" festgelegt und mit "0" der Eingabevorschlag, den der Anwender überschreiben kann. Bei positiver Bestätigung enthält die Zelle A5 den eingegebenen Wert, bei Abbruch den (logischen) Wert FALSCH. Insbesondere die Abbruchsmöglichkeit soll unmittelbar nach der EINGABE() abgefragt werden, um unvermutete Programmzustände oder Folgefehler zu vermeiden.

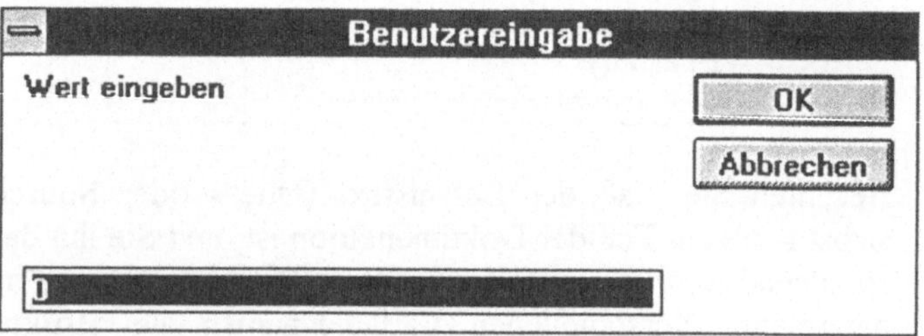

Fehlermeldung: Gibt der Anwender einen nicht zugelassenen Datentyp ein (z. B. Zeichen anstelle einer Zahl), so erscheint die Meldung: **"Zahl ist ungültig!"** und der Anwender hat nur die Möglichkeit der richtigen Eingabe oder jene des Abbruchs.

An bestimmten Stellen eines Programms wollen Sie den Anwender über den Programmverlauf informieren. Er soll dann die weitere Verarbeitung durch eine JA / NEIN - Entscheidung beeinflussen können.

EXCEL bietet dafür die Funktion WARNUNG() an, die es in drei Ausprägungen gibt: zwei lediglich zu bestätigende Hinweise und eine Frageform, die eine JA / NEIN - Entscheidung verlangt. Der folgende Programmteil zeigt die Entscheidungsform:

```
11 =WARNUNG("Wert = "&Wert;1)
12 =WENN(A11)
13   hier: Aktion bei positiver Bestätigung
14 =SONST()
15   hier: Aktion bei "Abbruch"
16 =ENDE.WENN()
```

Der erste Parameter von WARNUNG() übergibt den Text für die Dialogbox, der zweite die Ausprägung (1 = Entscheidung). Oben wurde unterstellt, daß bereits vorher der Name "Wert" einer Zelle zugewiesen wurde; sie enthält den Wert 12345. Durch "&" können für den Text in der Dialogbox beliebige Inhalte zusammengestellt werden. Rechts das Ergebnis:

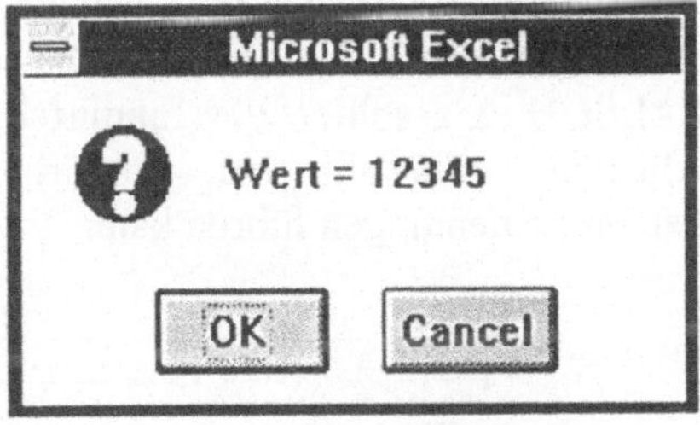

Ein willkürlicher Zeilenumbruch läßt sich mit [Alt] + [↵] überall einfügen. Der frei formulierbare Text muß in Anführungszeichen stehen; auch der genannte Zeilenumbruch ist ein Textzeichen!

Ihr Makroprogramm verwendet eine selbsterstellte Maske für die Dateneingabe, die Sie mit der Funktion DIALOGFEND() aufrufen. Sobald die Verarbeitung aus der Maske zurückkehrt, wollen Sie die vorgenommene(n) Eingabe(n) abfragen.

Das Dialogfenster enthält z.B. ein Auswahlfeld. Der Anwender kann die Auswahl mit OK bestätigen oder abbrechen. Die Zeile, die das Listenfeld definiert (im ersten Bild unten die Zeile 16) enthält eine Zelle, der Sie die positiv bestätigte Auswahl entnehmen können: im Beispiel J16. Die Zahl darin gibt die Nummer des Listenelements an. Mit der Funktion "**=INDEX ('DIALOG01.XLS'!Jahre; J5; 1)**" erhalten Sie den Wert aus dieser Liste, auf die der Bezug "'DIALOG01.XLS'!Jahre" verweist.

	D	E	F	G	H	I	J	K
15	5	32	18			DIALOGMASKE 0		Überschrift
16	15	31	51	160	84	'C:\vieweg\dialog01.xls'!Jahre	4	Jahresliste
17	1	243	79	99		OK		Schaltfläche
18	2	243	114	99		Abbrechen		Schaltfläche

Wenn Sie "**Abbrechen**" wählen, dann enthält die Zelle mit dem Funktionsaufruf DIALOGFELD() (im Beispiel unten A8) den Wert FALSCH. Sie sollten dies unmittelbar nach dem Aufruf abfragen, da eine fehlende Auswahl zu unvorhergesehenen Programmabläufen und Fehlererscheinungen führen kann.

	A
4	*Voreinstellungen*
5	=WERT.FESTLEGEN(Dialog1Jahr;4)
6	=WERT.FESTLEGEN(Dialog1Monat;1)
7	*Dialogmaske 1 aufbauen*
8	=DIALOGFELD(Dialog1Bereich)
9	*Abbruch abfragen*
10	**=WENN(A8)**
11	*KEINE Aktion, wenn positive Bestätigung*
12	**=SONST()**
13	*hier: Aktionen bei "Abbruch"*
14	= RÜCKSPRUNG(1)
15	**=ENDE.WENN()**
16	*ausgewählte Werte zwischenspeichern*
17	=INDEX('C:\VIEWEG\DIALOG01.XLS'!Jahre;Dialog1Jahr;1)
18	=INDEX('C:\VIEWEG\DIALOG02.XLS'!Monate;Dialog1Monat;1)

Eine Tabelle enthält mit Namen versehene Zellbereiche, die Sie mit Daten zur Auswahl gefüllt haben. An bestimmten Stellen Ihres Makroprogramms soll der Anwender auf diese Auswahltabellen zugreifen können.

Das kombinierte Listenfeld und das drop-down Listenfeld haben ein Eingabefeld, in dem der im Auswahlfenster angeklickte Wert eingeblendet ist. Die auswählbaren Werte stehen in einem beliebigen Zellbereich einer (Makro-) Tabelle.

	D	E	F	G	H	I	J	K
22						*Dialog2Bereich*		
23	Typ	X	Y	B	H	Text	Eingabe/Ausgabe	Kommentar
24	5	200	18			LISTENFELDER		Überschrift
25	5	20	10			kombiniertes Listenfeld		
26	5	230	10			drop-down Listenfeld		
27	**6**	**25**	**30**	**160**			**1991**	**komb.Listenfeld**
28	**16**	**25**	**60**	**160**	**84**	**DIALOG01.xls!Jahre**	**3**	**komb.Listenfeld**
29	**21**	**230**	**30**	**160**	**108**	**DIALOG01.xls!Jahre**	**3**	**drop down**
30	1	108	175	99		OK		Schaltfläche
31	2	226	175	99		Abbrechen		Schaltfläche

Das Programmbeispiel unten zeigt die für die beiden Listenfeldarten erforderlichen Parameter im Dialogbereich; in den Zeilen 27 und 28 für das kombinierte Listenfeld und in der Zeile 29 für das drop-down Listenfeld. Nach der Auswahl durch den Benutzer können Sie die Position des ausgewählten Wertes in der Auswahlliste abfragen: siehe die Zellen J28 und J29.

Das drop-down Listenfeld läßt nur Auswahl und keine freie Eingabe zu; das kombinierte Listenfeld hingegen schon. Wenn Sie im Beispiel in das kombinierte Listenfeld z.B. 2000 eingeben, so erscheint dieser Wert in der Zelle J27. Die Zelle J28 enthält "#NV!", da dieser Wert nicht zur Auswahl steht. Im zweiten Bild sehen Sie das Ergebnis.

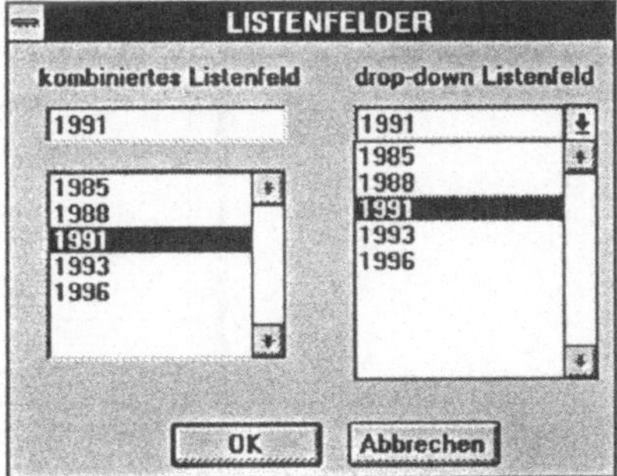

EXCEL entnimmt einer Tabelle die Parameter für die Gestaltung und Eingabemöglichkeiten der Dialogmaske. Sie wollen sich beim Erstellen des Dialogfensters durch EXCEL unterstützen lassen.

EXCEL enthält als Zusatz einen Dialogeditor, der Ihnen auf dem Bildschirm ein Zeichenbrett zur Verfügung stellt (EXCELDE.exe im EXCEL-Hauptverzeichnis). Sollte dieser Zusatz fehlen, so müssen Sie Ihre EXCEL-Installation ergänzen. Unter WINDOWS scheint neben dem EXCEL-Sinnbild noch ein zweites für den Dialogeditor ("DE") auf (falls nicht, DE als Anwendung hinzufügen).

Der Dialogeditor generiert eine achtspaltige Tabelle für die Makrovorlage, die der Makrobefehl **DIALOGFELD()** abarbeitet und die Sie auch direkt in der Makrovorlage verändern können. Das Bild unten zeigt die Gestaltungsmöglichkeiten des Dialog Editors.

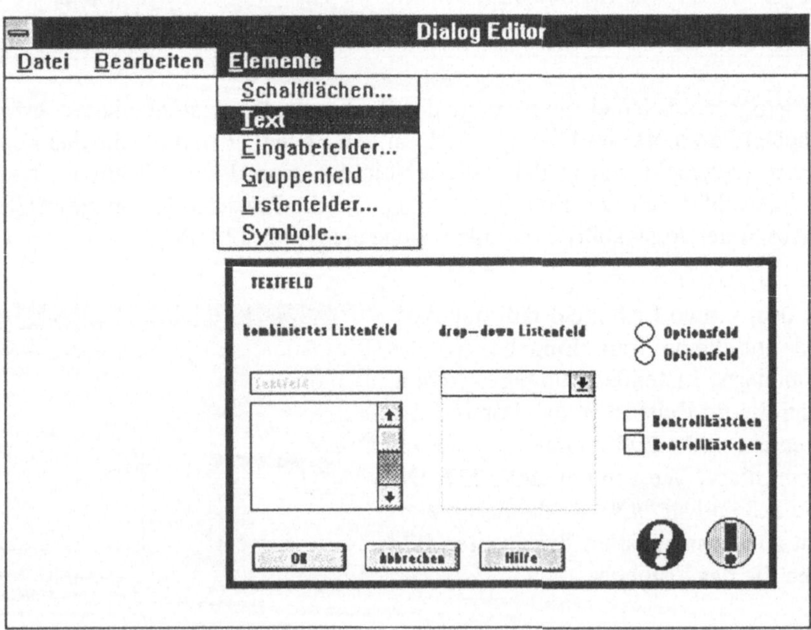

Sie bearbeiten in EXCEL eine Makrovorlage, die ein Dialogfenster enthalten soll. Sie wollen sich die erforderliche Parametertabelle erstellen lassen und müssen daher in den Dialog-Editor (DE) wechseln.

Sie müssen vor dem ersten Arbeiten mit DE diese Anwendung starten. Das ist vom Programm-Manager aus möglich oder von EXCEL aus über das Systemmenüfeld (Anwendungsfenster); das ist der Funktionsknopf mit dem längeren liegenden Balken, ganz links oben, neben der MS-EXCEL Titelleiste. Klicken Sie im Dialogfenster "Anwendungsprogramm ausführen" den Punkt "*Dialog-Editor*" an. Mit *OK* wechselt Windows in den Dialog-Editor.

Datei

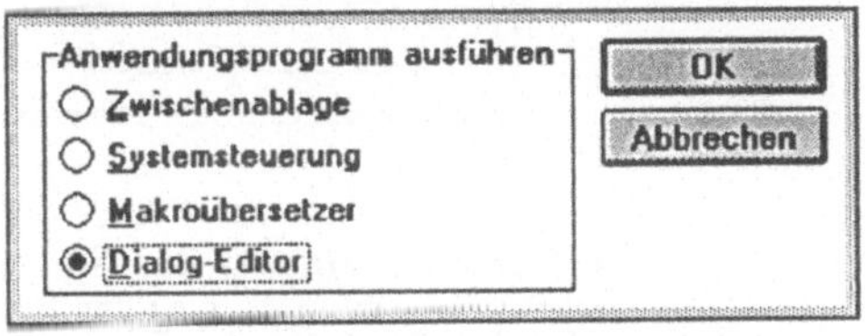

Anwendungsprogramm ausführen
Zwischenablage
Systemsteuerung
Makroübersetzer
Dialog-Editor
OK
Abbrechen

Vergrößeren Sie im DE das leere Rechteck auf die gewünschte Größe; nun können Sie das Feld mit verschiedenen *Elementen* versehen.

Fügen Sie nun die gewünschten Teile in Ihre Dialogmaske ein, indem Sie aus den Möglichkeiten auswählen, die Ihnen der Menüpunkt *ELEMENTE* bietet. Wenn Sie eines der Elemente zweimal anklicken, dann öffnet sich das Dialogfenster "Info", in dem Sie alle Parameter sehen können. Die Option "Auto" bewirkt ein selbsttätiges Positionieren.

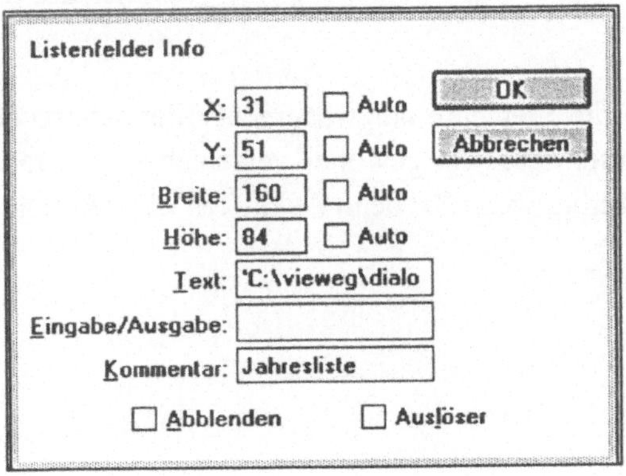

Listenfelder Info
X: 31 Auto
Y: 51 Auto
Breite: 160 Auto
Höhe: 84 Auto
Text: 'C:\vieweg\dialo
Eingabe/Ausgabe:
Kommentar: Jahresliste
Abblenden
Auslöser
OK
Abbrechen

Das oben beschriebene Listenfeld ist im Gesamtergebnis unten das Fenster mit dem Schieberegler:

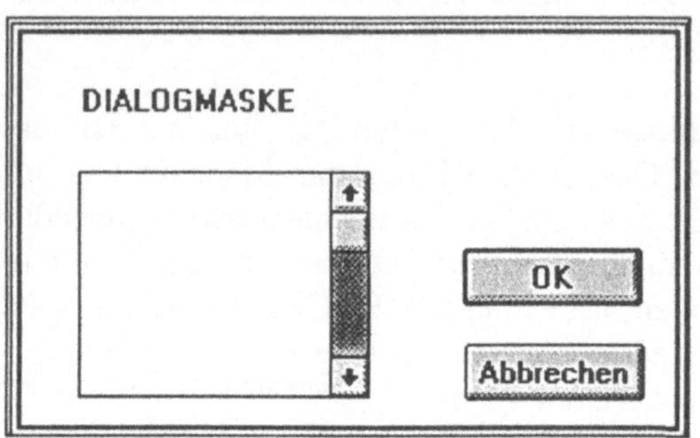

Das **erste Element**, das Sie einsetzen, sollte immer ein Textfeld sein. In das Eingabefeld "Text" geben Sie den Namen des Dialogfensters ein. EXCEL generiert daraus die erste Zeile in der Maskentabelle, die für Position und Größe unbedingt erforderlich ist. Schieben Sie dieses Element z.B. ganz nach links oben. Wenn Sie keinen Namen vergeben, dann kann das Dialogfenster **nicht** verschoben werden.

Sie finden alle im Info-Fenster aufscheinenden Eingabefelder ("X", "Y" usw. bis "Kommentar" in der generierten Parametertabelle, in den Spalten zwei bis acht, wieder. Bei Listenfeldern enthält das Eingabefeld "Text" den Bezug auf die Wertetabelle und "Eingabe/Ausgabe" die Nummer des ausgewählten Listenelements.

Verschieben Sie die Elemente nur waagrecht oder senkrecht, indem Sie die Taste ⇧ festhalten und wie gewohnt verschieben. Sie markieren mehrere Elemente gleichzeitig, wenn Sie beim Anklicken ⇧ gedrückt halten.

Sie haben sich mit dem Dialog-Editor eine Parametertabelle erstellen lassen und wollen nachträglich rasch direkt Veränderungen vornehmen.

Die Funktion DIALOGFELD() erstellt die Maske aus der Parametertabelle bei jedem Aufruf aufs Neue. Daher können Sie während des Ablaufs eines Makroprogramms alle Zellinhalte verändern lassen. Erweitern Sie z.B. den Dialogbereich um ein weiteres Listenfeld mit Überschrift, indem Sie einfach zwei Zeilen einfügen (im Beispiel unten die Zeilen acht und neun). Wenn Sie die Zellen J7 und J9 mit Indexwerten vorbelegen, dann können Sie die im zweiten Bild gezeigte Einstellung von Vorschlagswerten erreichen.

	D	E	F	G	H	I	J	K
2	Typ	X	Y	B	H	Text	Eingabe/Ausgabe	Kommentar
3	1	2	3	4	5	6	7	8
4	5	100	21	500	220	DIALOGMASKE		Überschrift
5	5	42	10			Erläuterungen...		freier Text
6	5	47	40			JAHRESLISTE:		zur Auswahl
7	15	47	60	160	84	'C:\vieweg\dialog01.xls'!Jahre	4	Jahresliste
8	5	283	40			MONATSLISTE:		zur Auswahl
9	15	283	60	160	84	'C:\vieweg\dialog02.xls'!Monat	1	Monatssliste
10	1	140	180	99		OK		Schaltfläche
11	2	260	180	99		Abbrechen		Schaltfläche

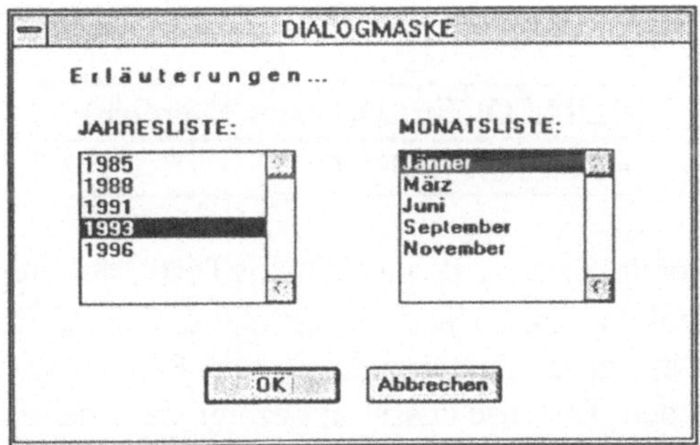

Sie können einzelne Eingabefelder nach Bedarf unzugänglich machen, indem Sie dem Wert in der Spalte "Typ" (erste Spalte) mit der Makroanweisung "=WERT.FESTLEGEN(<bezug>; <bezug> + 200)" 200 hinzuzählen. Das Feld erscheint dann grau.

Sie wollen in einem Dialogfeld umfangreichere Veränderungen vornehmen und dabei den Dialog-Editor verwenden.

Dazu müssen Sie zuerst den Dialog-Editor starten und dann die Parametertabelle dorthin überführen.

Markieren Sie den gesamten Dialogbereich und stellen Sie ihn mit [Strg] + [Einfg] in die Zwischenablage.

Wechseln Sie dann zum Dialog-Editor mit [Alt] + [⇆].

Fügen Sie den Inhalt der Zwischenablage in das Zeichenfeld des Dialog-Editors mit [⇧] + [Einfg] ein. Alle eventuell vorher erfolgten manuellen Anpassungen in der Makrovorlage werden mitgenommen und entsprechend umgesetzt. Übertragen Sie die Änderungen aus dem Dialog-Editor wieder über die Zwischenablage in Ihre Makrovorlage.

Austesten von Dialogfenstern: Schreiben Sie sich an einer freien Stelle in der Makrovorlage (z. B. nach dem letzten Unterprogramm in der Spalte A) ein Hilfsmakro, das nur aus zwei Zeilen besteht:

=DIALOGFELD(Dialog1Bereich)
=RÜCKSPRUNG()

Benennen Sie die erste Zelle z. B. mit "DialogTest", definieren Sie den Namen als Makrobefehl und dazu einen Tastenschlüssel, z. B. [Strg] + [D]. Dieser Kunstgriff erlaubt es Ihnen, Änderungen in den Parametern des Dialogfensters sofort durch den Tastenschlüssel angezeigt zu erhalten. Ohne Tastenschlüssel müssen Sie jeweils durch das Menü "Makro" gehen.

Sie haben im Dialog-Editor ein Eingabefenster erstellt und alle nötigen Elemente eingesetzt. Jetzt wollen Sie die Maske in Ihre Makrovorlage übertragen.

Das Übertragen des Dialogfensters in die Makrovorlage erfolgt über die Zwischenablage. Wählen Sie *BEARBEITEN - Alle Elemente auswählen*, und kopieren Sie alles mit [Strg] + [Einfg] in die Zwischenablage.

Wechseln Sie über Windows mit [Alt] + [Tab] in Ihre EXCEL-Makrovorlage, und markieren Sie dort jene Zelle, die die linke obere Ecke der Parametertabelle für das Dialogfenster sein soll (im Beispiel unten D4). Fügen Sie den Inhalt der Zwischenablage mit [⇧] + [Einfg] ein.

	D	E	F	G	H	I	J	K
1						*Dialog1Bereich*		
2	Typ	X	Y	B	H	Text	Eingabe/Ausgabe	Kommentar
3	1	2	3	4	5	6	7	8
4	5	32	18			DIALOGMASKE		Überschrift
5	15	31	51	160	84	'C:\vieweg\dialog01.xls'!Jahre		Jahresliste
6	1	241	79	99		OK		Schaltfläche
7	2	243	114	99		Abbrechen		Schaltfläche

In der Makrovorlage ist nun der gesamte Dialogbereich (oben D4 bis K7) markiert. Legen Sie dafür einen (frei vergebbaren) Namen fest, z. B. "Dialog1Bereich". Die Zeilen über dem Dialogbereich enthalten frei gewählte Kommentare. Vergleichen Sie die Parameter einer Zeile mit dem Fenster "Info" im Dialog-Editor.

Der **Aufruf** des Dialogfensters im Makroprogramm erfolgt durch die Funktion =DIALOGFELD (Dialog1Bereich). Die Angabe "'DIALOG01.xls'!Jahre" verweist auf einen Datenbereich in einer anderen Tabelle (DIALOG01.xls), der in den mit "Jahre" benannten Zellen die gezeigte Auswahl an Jahreszahlen enthält.

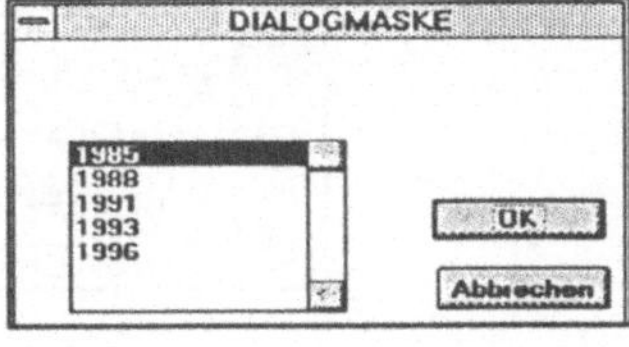

Sie können auch alle Parametertabellen eines Programmpakets in einer eigenen Makrovorlage speichern, um die Wartung zu unterstützen.

Sie haben Ihr Programmsystem modular gestaltet und rufen von einem Makroprogramm andere Programme auf. Den Unterprogrammen sollen Daten übergeben werden, mit denen dort gerechnet werden soll oder die dort Entscheidungen beeinflussen.

Die Funktion ARGUMENT() übergibt einen **Zellinhalt** an ein Unterprogramm. Formelmuster: **=ARGUMENT ("Argument"; Datentypnummer; Bezug)**. Sie können bis zu 13 Werte (Argumente, Parameter) übergeben.

Argument - [MUSS-Parameter]: Name der Zelle, die den zu übergebenden Wert enthält. Der hier angegebene Namen(stext) steht dann im Unterprogramm als Variable für den Gebrauch in allen Formeln zur Verfügung (beachten Sie die Anführungszeichen). **Datentypnummer** - [Kann-Parameter]: Sie bestimmt den Datentyp, der bei der Übergabe akzeptiert wird. Diese Kontrolle gewährleistet, daß dem Unterprogramm keine Datentypen übergeben werden, mit denen es nichts (Sinnvolles) anfangen kann. **Bezug** - [Kann-Parameter]: Zusätzlich zu dem oben im Muß-Parameter festgelegten Namen kann eine Zelle (oder ein Bereich) angegeben werden, in die (den) der übergebene Wert abgespeichert wird.

	A
3	=Unterprogramm("Wert 1";12345)
4	
5	[illegible]
6	
7	Unterprogramm
8	=ARGUMENT("Zeichen";2)
9	=ARGUMENT("Nummer";1)
10	=WARNUNG(Zeichen&" "&Nummer;3)
11	=Nummer*5
12	=RÜCKSPRUNG()

Mögliche **Fehler**: Übergebener und definierter Datentyp passen nicht zusammen ergibt **#Wert**; die Angabe eines ungültigen Bezugs **#Name**; zu wenig Argumente übergeben: **#NV**.

Eine bestimmte Folge von Anweisungen in Ihrem Programm soll - gesteuert von einem Zähler ("Laufindex") - wiederholt ausgeführt werden.

EXCEL wiederholt alle Anweisungen, die zwischen den Funktionen FÜR() - WEITER() stehen. Formelmuster: **FÜR (Zähler; Anfang; Ende; Schrittweite)**. Die Anzahl der Weiderholungen richtet sich nach den Werten der Parameter. "Zähler" ist ein Variablenname (daher die Schreibweise in Anführungszeichen), der einen Speicherplatz benennt. Sie können ihn in und auch nach der Schleife beliebig verwenden. Siehe das Beispiel unten: Bei Verlassen der Schleife hat Zähler den Wert 54; daher enthält die Zelle A23 den Wert 648 (= 12 * 54).

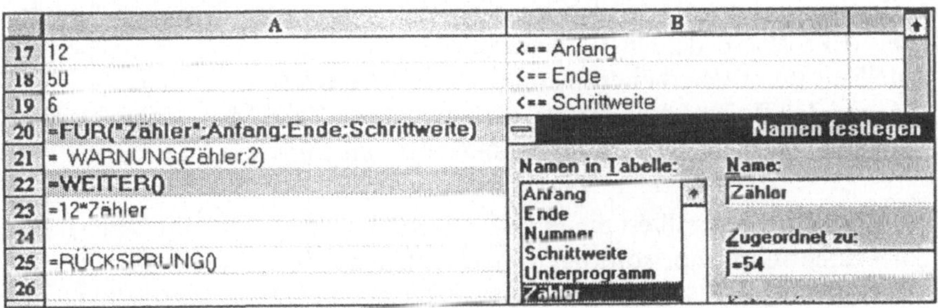

Die Parameter können auch Bezüge auf Zellen (inner- oder außerhalb der Makrovorlage) sein; und deren Inhalte lassen sich während des Abarbeitens der Schleife verändern.

Vorsicht **Falle**: Nach dem Gesetz "es ist immer einer mehr, als man denkt" berechnet sich die tatsächliche Anzahl der Wiederholungen (bei Schrittweite = 1) nach der Formel *Ende - Anfang + 1*! (Im Zweifelsfalle an den Fingern abzählen - daher die Bezeichnung "digitales Rechnen" ...). Bei einer größeren Schrittweite als *1* ist das obige Ergebnis noch ganzzahlig durch die Schrittweite zu dividieren - und wieder: *+ 1*.

Z. B.: Anfang = 5, Ende = 20, Schrittweite 1 ergibt 20 - 5 + 1 = **16** Wiederholungen; dasselbe mit Schrittweite 6 ergibt [16 / 6] + 1 = **3** Wiederholungen.

Ihr Makroprogramm soll zu Beginn bestimmte Tabellen öffnen, deren Namen in einer Referenzliste angegeben sind. Die Liste kann in der Makrovorlage oder andernorts stehen.

Die Funktion FÜR.ZELLE() - WEITER() ist eine Wiederholungsanweisung an EXCEL. Formelmuster: **FÜR.ZELLE (Bezug; Bezugsbereich; Überspringen)**. - **Bezug** ist ein Variablenname (daher in Anführungszeichen zu schreiben). **Bezugsbereich** weist auf einen Zellbereich. **Überspringen** ist ein Schalter, der das Übergehen leerer Zellen bestimmt. Die Wiederholung richtet sich nach der Anzahl der Zellen im Bezugsbereich abzüglich der leeren darin, wenn der Schalter Überspringen WAHR ist.

Im Beispiel unten steht die Referenzliste mit dem Namen "Dateiliste" in der Datei REFERENZ.xls. Die Referenztabelle wird aktiviert und der Zellbereich "Dateiliste" zum Abarbeiten markiert (AUSWÄHLEN()). In der Variablen "MAktiveZelle" ist der Inhalt der aktuellen Zelle aus dem Bereich "Dateiliste" verfügbar. Er ist der Parameter für die Funktion ÖFFNEN().

ISTFEHLER() kontrolliert die fehlerfreie Durchführung von ÖFFNEN(). Ein Fehlversuch führt zum sofortigen Programmabbruch. Im Normalfall ist die soeben geöffnete Tabelle aktiv. Kehren Sie für die Weiterverarbeitung mit AKTIVIEREN() zur Referenztabelle zurück.

	A
1	Beispiel zur Makroanweisung FÜR.ZELLE()
2	=AKTIVIEREN("REFERENZ.xls")
3	=AUSWÄHLEN(!Dateiliste)
4	
5	*Schleife: Waren-Tabellen und Währungstabelle laden*
6	**=FÜR.ZELLE("MAktiveZelle";!Dateiliste;WAHR)**
7	= ÖFFNEN(MAktiveZelle)
8	*Abfrage, ob ÖFFNEN() richtig durchgeführt*
9	**= WENN(ISTFEHLER(A7))**
10	= SIGNAL(1)
11	= WARNUNG("Die Datei "&MAktiveZelle&" ist nicht ladbar!bitte Systembetreuung rufe
12	= RÜCKSPRUNG()
13	**= WENN.ENDE()**
14	= AKTIVIEREN("REFERENZ.xls")
15	**=WEITER()**
16	*Ende der Schleife FÜR.ZELLE()*

Ihre als Makrovorlage gestaltete EXCEL-Tabelle kann mehrere Programme enthalten, die für sich geschlossene Einheiten (Module) bilden. Daher müssen Sie EXCEL mitteilen, wo die letzte auszuführende Befehlszeile eines jeden Moduls ist. Gleichzeitig wollen Sie an das aufrufende Programm Ergebnisse oder Steuerwerte (return codes) zur Weiterverarbeitung übergeben.

Die Funktion RÜCKSPRUNG() beendet ein aufgerufenes Programm. Zugleich können Sie <u>einen</u> Wert an das aufrufende Programm übergeben. Der erscheint in der Zelle, in der Sie das Unterprogramm aufgerufen haben. Formelmuster: **=RÜCKSPRUNG (<wert>)**. - **<wert>** - [Kann-Parameter]: der zu übergebende Wert; er kann ausdrücklich oder in Form eines Bezuges oder Namens angegeben sein.

	A
29	=Berechne(12345)
30	=WENN(A29)
31	= WARNUNG("FEHLER: Wert größer 15000!";3)
32	= RÜCKSPRUNG()
33	=ENDE.WENN()
34	=A29-10000
35	
36	[illegible]
37	
38	Berechne
39	=ARGUMENT("Nummer";1)
40	=WENN(Nummer>15000;RÜCKSPRUNG(WAHR))
41	=RÜCKSPRUNG(Nummer*5)

Im Beispiel rechts wird die Funktion "Berechnen()" in der Zelle A29 aufgerufen. Nach der Ausführung enthält diese Zelle den Wert 61725 (= 12345 * 5), wenn der übergebene Wert kleiner gleich als 15000 ist. Andernfalls steht in A29 der Wert "WAHR". Das bewirkt, daß die Verarbeitung die Warnung ausgibt (Zelle A31) und dann zur aufrufenden Stelle zurückspringt (RÜCKSPRUNG() in A32).

Zur Programmiertechnik: Bei gezielten Programmabbrüchen sollten Sie grundsätzlich an das aufrufende Programm einen eindeutigen Wert ("Return-Code") zurückgeben lassen. Das gewährleistet, daß Sie solche Fehlersituationen unmittelbar nach dem Programmaufruf strikt kontrollieren können.

Im Programmverlauf müssen Sie Daten überprüfen. Der aktuelle Inhalt von Zellen steuert die weitere Verarbeitung.

EXCEL hat in seinem Befehlsumfang zwei Entscheidungsfunktionen: WENN() (einzeilige Funktion) und WENN() - SONST() - ENDE.WENN(). Das Beispiel unten zeigt in der Zelle A47 die erste Form und in den Zellen A 49 bis A55 die zweite.

Formelschema 1: **WENN (<bedingung>; <anweisung WAHR>; <anweisung FALSCH>)**. EXCEL rechnet den als <bedingung> vorgegebenen Ausdruck aus; das Ergebnis ist ein logischer Wert (WAHR / FALSCH). Das entscheidet, ob die erste Anweisung oder die zweite ausgeführt wird. Die <anweisung FALSCH> ist ein Kann-Parameter. Sie können diese Abfrageform sowohl in einem Rechenblatt als auch in einem Makroprogramm verwenden.

	A
45	J
46	100
47	=WENN(A45="J";A46*1,1;A46*1,2)
48	
49	=WENN(A45="J")
50	= WERT.FESTLEGEN(A56;A46*1,1)
51	= WARNUNG("A45 enthält J";3)
52	=SONST()
53	= WERT.FESTLEGEN(A56;A46*1,2)
54	= WARNUNG("A45 enthält kein J";3)
55	=ENDE.WENN()

Formelschema 2: **WENN (<bedingung>)** ... Anweisung(en) WAHR ... **SONST()** ... Anweisung(en) FALSCH ... **ENDE.WENN()**. Diese Form ist nur in Makrovorlagen einsetzbar und besteht immer aus WENN() und ENDE.WENN(), fallweise auch aus SONST(). Dazwischen kann jeweils eine Gruppe von Anweisungen stehen. Die Funktionsweise ist gleich wie oben.

Die deutsche Version von EXCEL **3** weist einen **Fehler** auf: man mußte "WENN.ENDE()" statt "ENDE.WENN()" eingeben (im Handbuch steht die richtige Schreibweise). Wenn Sie alte Makrovorlagen ins EXCEL 4 übernehmen, korrigiert es diesen Fehler stillschweigend durch Ersetzen des Textes, sodaß das Programm ablauffähig bleibt.

Anhang: Die Funktionstasten A1

Tasten	Funktion
F1	Hilfe
⇧ + F1	Kontextabhängige Hilfe
F2	Aktivieren der Bearbeitungszeile
⇧ + F2	Notiz (Menü Formel)
Strg + F2	Arbeitsbereich (Menü Optionen); Info-Fenster anzeigen
F3	Namen einfügen (Menü Formel)
⇧ + F3	Funktion einfügen (Menü Formel)
Strg + F3	Namen festlegen (Menü Formel)
Strg + ⇧ + F3	Namen übernehmen (Menü Formel)
F4	Bezugsart ändern (Menü Formel)
Strg + F4	Schließen (Datei-Systemmenü)
Alt + F4	Beenden (Menü Datei)
F5	Gehe zu (Menü Formel)
⇧ + F5	Suchen (Menü Formel)
Strg + F5	Wiederherstellen (Datei-Systemmenü)
F6	Nächster Ausschnitt
⇧ + F6	Vorheriger Ausschnitt
Strg + F6	Nächstes Fenster (Systemmenü)
Strg + ⇧ + F6	Vorheriges Dateifenster

Taste	Funktion
F7	Suchen (Menü Formel); nächstes Vorkommen
⇧ + F7	Suchen (Menü Formel); vorheriges Vorkommen
Strg + F7	Verschieben (Datei-Systemmenü)
F8	Ein- und Ausschalten des Erweiterungsmodus.
⇧ + F8	Ein- und Ausschalten des Hinzufügemodus.
Strg + F8	Größe ändern (Datei-Systemmenü)
F9	"Neu berechnen", Berechnen (Menü Optionen)
⇧ + F9	"Datei berechnen", Berechnen (Menü Optionen)
Strg + F9	Symbol (Datei-Systemmenü)
F10	Aktivieren der Menüleiste
⇧ + F10	Aktivieren des Kontextmenüs
Strg + F10	Vollbild (Datei-Systemmenü)
F11	Neu (Menü Datei); Diagramm
⇧ + F11	Neu (Menü Datei); Tabelle
Strg + F11	Neu (Menü Datei); Makrovorlage
F12	Speichern unter (Menü Datei)
⇧ + F12	Speichern (Menü Datei)
Strg + F12	Öffnen (Menü Datei)
Strg + ⇧ + F12	Drucken (Menü Datei)

Anhang: Die Menüs der rechten Maustaste (1) A3

Die Entwickler Microsofts haben die Handhabung der neuen Version von EXCEL durch eine Reihe von Feinheiten wesentlich verbessert und erweitert. Dazu gehören auch kontextsensitive Menüs, die Sie über die rechte Maustaste aufrufen können.

(1) **Zelle(n) bearbeiten und formatieren**: Markieren Sie eine Zelle, und ein Klick der rechten Maustaste eröffnet Ihnen den Zugang zu den rechts gezeigten Funktionen. Wenn Sie eine ganze Spalte oder Zeile markieren, dann scheint auch die Funktion "Spaltenbreite" oder "Zeilenhöhe" auf. In der Makrovorlage ist zusätzlich die Funktion "Ausführen" vorhanden. Ein analoges Menü gibt es für das Diagramm, für Graphikelemente und Makro-Schaltflächen (Bild links)

Ausschneiden Strg+X
Kopieren Strg+C
Einfügen Strg+V
Inhalte löschen... Entf
Zellen löschen...
Zellen einfügen...
Zahlenformat...
Ausrichtung...
Schriftart...
Rahmen...
Muster...

Ausschneiden Strg+X
Kopieren Strg+C
Einfügen Strg+V
Entfernen Entf
Objekt bearbeiten
Muster...
In den Vordergrund
In den Hintergrund
Gruppieren
Objekteigenschaften...
Objekt zuweisen...

(2) **verfügbare Symbolleisten**: In der Grundeinstellung zeigt EXCEL unter der Hauptmenüleiste die Standard-Symbolleiste. Wenn Sie mit dem Cursor auf die (jede beliebige) Leistenfläche zeigen und auf die rechte Maustaste drücken, erscheint ein Auswahlmenü, das Ihnen alle verfügbaren Leisten anbietet, einschließlich der selbstdefinierten (im Bild rechts: "PRIVAT!").

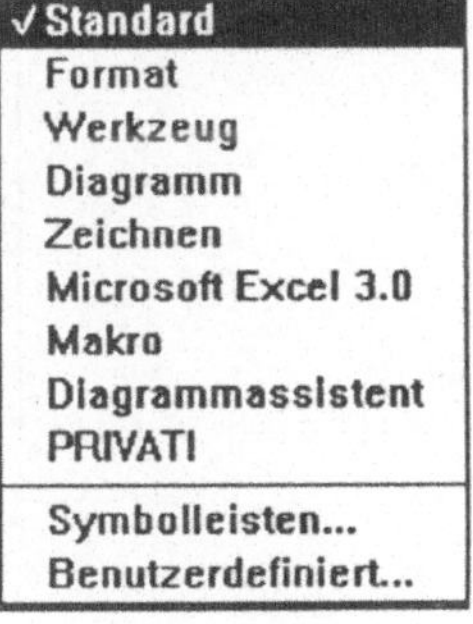

(3) **Diagramme bearbeiten**: Wenn Sie in ein Diagrammfenster wechseln und dort die Diagrammfläche (unten: linkes Bild) oder die Kurve einer Datenreihe anklicken, so gelangen Sie durch Drücken der rechten Maustaste in jeweils eines der hier gezeigten Menüs.

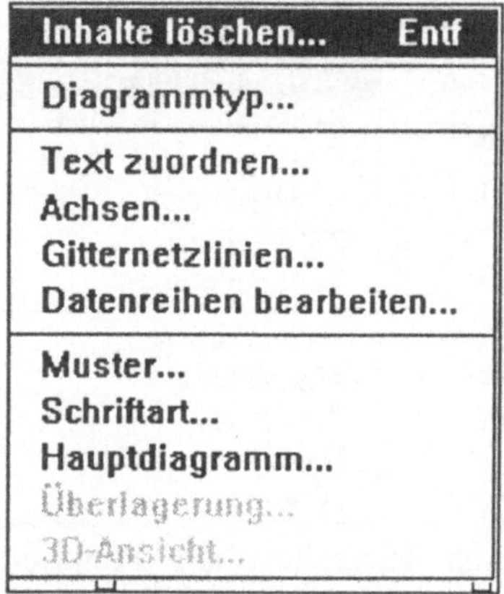

(4) **Arbeitsmappe**: Wenn Sie den "Inhalt der Arbeitsmappe" bearbeiten wollen, so bewegen Sie den Cursor auf einen Inhaltseintrag. Nach dem Klick mit der rechten Maustaste steht Ihnen das hier gezeigte Menü zur Verfügung.

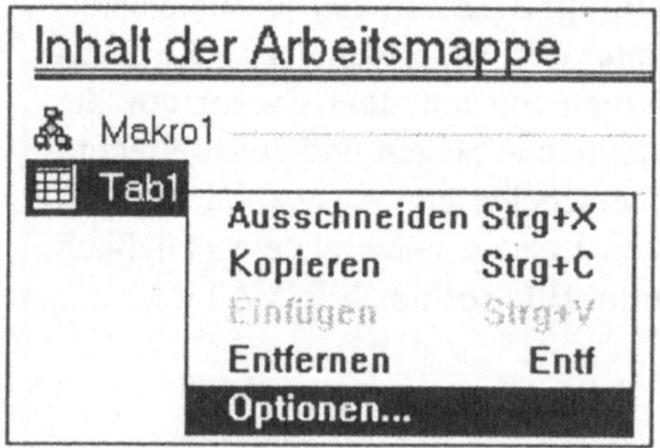

Anhang: Was alles hinter einer Zelle steckt ... A5

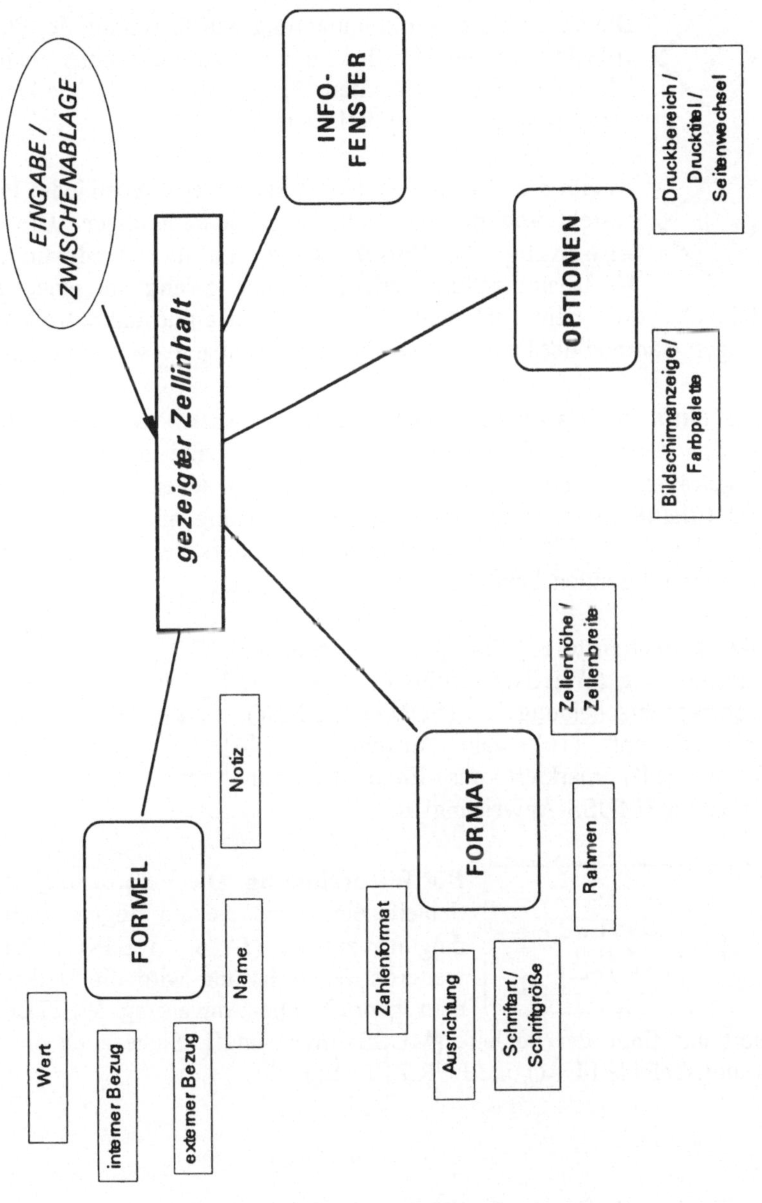

A6 Anhang: Strukturiertes Programmieren

Die strukturierte Programmierung wurde Anfang der 70-er Jahre erdacht[2], um der Not des Laokoon zu entkommen: nämlich den Wirrnissen des sogenannten "Spaghetti-Codes" ohne klar erkennbaren Anfang, Verlauf und Ende.

Es gibt drei Bausteine ("Konstrukte"), aus denen jedes Programm besteht und die sich beliebig schachteln lassen. Die **einfache Anweisung,** die **Entscheidung** und die **Wiederholung**. Der Verarbeitungsfluß verläuft immer streng in einer Richtung (bildlich: von "oben" nach "unten"); ein seitliches und unkontrolliertes Aussteigen während der Fahrt ist - wie bei der Eisenbahn - streng verboten.

Die einfache Anweisung: Die einzelnen abzuarbeitenden Anweisungen werden Zelle für Zelle untereinander in einer Spalte in der Makro-Vorlage eingetragen. Sowohl diese Spalte als auch die daneben können Kommentare und Erläuterungen enthalten. Da jede Anweisung mit einem "=" beginnen muß, behandelt EXCEL automatisch jede anders beginnende Zeichenkette als zu überlesenden Text.

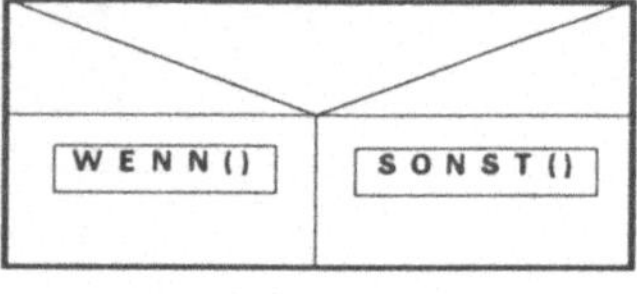

Die Entscheidung: Es gibt die einfache Entscheidung (WENN() - SONST()) und die Mehrfachentscheidung (SONST.WENN(); siehe Rezept 110). Die Anweisung ENDE.WENN() markiert das Ende der Entscheidung [MUSS-Anweisung!].

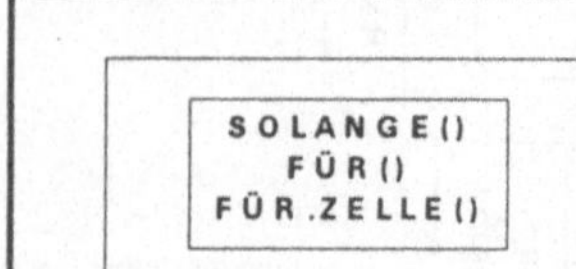

Die Wiederholung: Die Verarbeitung tritt in die Schleife ein, wenn die am Beginn gestellte Bedingung zutrifft (JA = WAHR()). **Vor** jeder weiteren Wiederholung wird die Bedingung erneut geprüft. Die Anweisung WEITER() markiert das Ende der Schleife [MUSS-Anweisung!]. Siehe auch die Wiederholungsbefehle FÜR() und FÜR.ZELLE().

---

2 von Prof Nikolaus WIRTH, Zürich; er erfand in diesem Zusammenhange auch eine Programmiersprache, um diese Prinzipien in die Praxis umzusetzen: PASCAL

Anhang: Hat EXCEL eine "Datenbank"? (1) A7

Sie verfügen über eine größere Menge von Daten, die Sie strukturiert verwalten und bearbeiten wollen. In den EXCEL-Handbüchern wird zwar oft der Ausdruck "Datenbank" verwendet, jedoch was können Sie sich davon erwarten?

Ganz allgemein ist eine "Datenbank" eine Sammlung von gespeicherten Daten, die von Anwendungssystemen für bestimmte Zwecke benützt werden[1]. Daten werden aber rasch zum wertlosen Datenfriedhof, wenn keine durchdachte Struktur dahintersteht oder der Zugriff nicht in sicheren, geregelten Bahnen verläuft. Verkürzt dargestellt will eine Datenbank zwei Hauptziele gewährleisten: Datensicherheit in jeder Beziehung und einen bestmöglichen Zugang zu den Daten. Derzeit kommen relationale Systeme ("RDBMS"[2]) diesen Zielen sehr nahe.

Eine Struktur entsteht durch sogenannte "Datenobjekte" (z. B. Kunden, Waren, Fakturen), die im ganzen System einmalig sind. Ein solches Objekt ist in einer Tabelle abgelegt. Idealerweise soll ein Datenwert nur einmal gespeichert werden. Der Anwender gewinnt eine gewünschte Information durch Suchen in den Tabellen und durch Zusammenführen der gefundenen Einzeldaten.

Mit EXCEL kann man Tabellen bearbeiten, und die Handbücher verwenden den Begriff "Datenbank". Das weckt zwar Vorstellungen in der oben geschilderten Richtung, erfüllt diese Erwartungen aber bei weitem nicht. Für eine echte relationale Datenbank gelten strenge Grundgesetze:

Das **Zusammenstimmen** der Daten in einer Datenbank ("Integrität") muß stets gewahrt sein. Andernfalls kann es zu unsinnigen oder falschen Ergebnissen oder undefinierten Zuständen kommen. Jeder Datensatz in jeder Tabelle hat genau einen **Haupt-Schlüsselbegriff** ("Primär-Schlüssel", zB Kundennummer), der im gesamten System eindeutig und nie leer ist ("Entity-Integrität"). Kein Verweis auf einen Primärschlüssel darf ins Leere gehen (z. B. Fakturensätze haben eine ungültige Kundennummer; "Referenzintegrität").

---

1 siehe dazu z. B. C. DATE, An Introduction to Database Systems, Fourth Edition, Addison-Wesley, 1986.
2 Relational Database Management System - relationales Datenbank-Verwaltungssystem

Eine Massendatenhaltung, Sicherheitserfordernisse und eine bereits etwas anspruchsvollere Datenverarbeitung überfordern die Möglichkeiten, die Ihnen EXCEL bietet. Wichtig ist es, die Grenzen zu erkennen: EXCEL ist oder enthält **kein Datenbanksystem** im oben beschriebenen Sinne! Insofern ist das Modewort "Datenbank" unscharf und irreführend.

Natürlich können Sie durch aufwendige Makro-Programmierung gewisse Grundelemente eines relationalen Systems nachbilden. In den Rezepten 56ff und 89ff finden Sie etliche Anleitungen.

Gerade im Bereich "Sicherheit" müssen Sie sich einiges an jener Infrastruktur selber schaffen, die Ihnen ein System wie ORACLE ausgereift von sich aus bietet: Zugangskontrolle; rasches Suchen (EXCEL sucht langsam sequentiell statt binär oder baumförmig); Eingabekontrolle direkt im Eingabefeld, und hier besonders die Prüfung auf nicht-leere Schlüsselfelder; Einschränkungen von Lese- und Schreibzugriffen und auch auf Tabellenteile bis zur einzelnen Zelle usw.

In nicht wenigen Fällen ist es effizienter und wirtschaftlicher, sich Daten aus einem Datenbanksystem zusammenstellen zu lassen, um diese Auswahl dann in EXCEL auszuwerten.